土耳其

作者—萊拉(Leyla)

伊斯坦堡╱番紅花城╱
卡帕多奇亞╱棉堡╱伊茲密爾

目錄

土耳其

05 作者序 & 作者簡介
06 如何使用本書
07 編輯室提醒
08 土耳其旅遊 Q&A
10 看懂重要標誌
11 旅遊實用單字
14 土耳其經典熱搜

認識土耳其

20 地理位置
21 歷史背景
24 世界遺產
28 土耳其小檔案
30 行前準備

探索星月國度

40 土耳其人的民族性
42 土耳其人的日常文化
44 建築風情
46 藝術文化
50 宗教信仰
52 特色美食
66 精選伴手禮
68 精選品牌
70 必玩體驗

- 76　認識伊斯坦堡
- 78　交通資訊
- 80　歐洲岸舊城區
- 90　歐洲岸新城區
- 98　亞洲岸
- 106　**深度漫遊專題**
  走進東方快車終點站，感受上流社會風情
- 109　**深度漫遊專題**
  融合多元民族，富有藝術感的巴拉特街區
- 110　**深度漫遊專題**
  遇見海上的巴洛克風清真寺
- 112　**深度漫遊專題**
  昔日王子的流放地，今日的島嶼祕境
- 114　道地美食
- 122　住宿推薦
- 124　旅行故事

- 128　認識番紅花城
- 130　交通資訊
- 131　必遊景點探訪
- 136　**深度漫遊專題**
  以番紅花為名的鄂圖曼古鎮
- 138　道地美食
- 139　住宿推薦
- 140　旅行故事

3

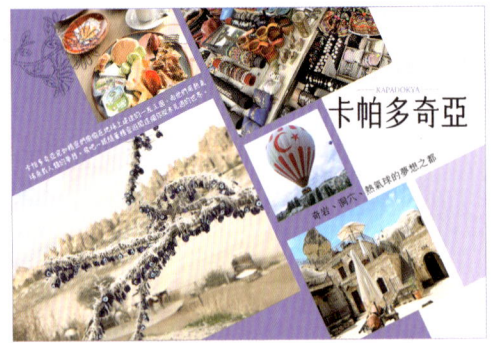

144　認識卡帕多奇亞
146　交通資訊
148　必遊景點探訪
156　**深度漫遊專題**
　　　基督徒千年避難處
160　**深度漫遊專題**
　　　七彩繽紛的奇幻熱氣球之旅
162　道地美食
164　住宿推薦
166　旅行故事

188　認識伊茲密爾
190　交通資訊
191　伊茲密爾市區
196　以弗所
201　阿拉恰特
206　**深度漫遊專題**
　　　走訪聖母瑪利亞的晚年故居
209　道地美食
210　住宿推薦
212　旅行故事

172　認識棉堡
174　交通資訊
175　必遊景點探訪
178　**深度漫遊專題**
　　　治癒人們身心靈的溫泉療養聖地
182　道地美食
183　住宿推薦
184　旅行故事

214　機場資訊
219　交通資訊
222　生活資訊

作者序

　　收到太雅出版社邀約撰寫《土耳其》時，我正在土耳其東南部的哈塔伊省旅行，那是座與敘利亞緊緊相鄰的古老城市；然而，我未曾想過的是，接下來的數年內不僅世界動盪，生活不安，連寫作都是艱難的。

　　當Covid-19疫情蔓延開來後，再也無人翻閱旅遊書籍，這本書的出版計畫因此停擺。等候出版的3年間，世界不曾邁向安定，但我的人生歷練已有所累積，走過的城市也越加豐富精彩。我深信，萬物如同一朵獨特的「花」，會選擇在屬於它的季節裡枯萎，亦或盛開。

　　正如我與土耳其，打從第一次踏上這片土地，便宿命似地無法分離，雖不至於深愛上，卻總在離開後升起一股難言的「鄉愁」。過去我確實是先對伊斯坦堡心生嚮往，而後才在命運之手的牽引下，遇見我的先生塞爾(Serhat Balaban)。土耳其不完美，可彷彿只有這裡的陽光和空氣，能讓我的心安定下來。

　　特別感謝我的父母給予我無限的愛與包容，也感謝塞爾一路攜手相伴，一同走過土耳其30多個城市。在我的記憶中，有那年冬天滿是悸動的伊斯坦堡，卡帕多奇亞熱氣球上的興奮呼喊，爬上內姆魯特山和參觀哥貝克力石陣的感動，它們如珍珠般串連一塊，柔軟和充盈了我們的心靈。

　　近年來，各種因素造成土耳其里拉持續貶值，物價不斷飛漲，重新調整和修改書籍內容的過程也變得困難重重。謝謝太雅出版社團隊的協助，嶄新的《土耳其》終於上市，期待能夠陪伴著大家遊走，並看遍安納托利亞土地上的每一道風景。

作者簡介　萊拉(Leyla)

　　出生和成長於台灣宜蘭縣，曾許下「這輩子一定要到伊斯坦堡旅行一次」的願望，並在一段突如其來的愛情牽引下，因緣際會來到土耳其伊斯坦堡定居，旅行土耳其境內超過30個省分。

　　大學主修社會學、文化研究和旅遊文學，經營社群「伊斯坦堡情旅日記」10年以上，作品曾發表於換日線專欄、世界公民島雜誌、昇恆昌Voyager機場誌以及各大報章雜誌，著有《情旅土耳其：從一抹鵝黃到一片靛藍，那些你未曾知曉的美與愁》。

　　不久前，放下每天穿梭歐洲、亞洲，用3種語言追趕各大時區日落的上班族生活，現在以過去累積的各項專業，專職出版書籍之採訪及寫作。

　leylajhang
　伊斯坦堡情旅日記
　情旅土耳其 Leyla in Turkey

如何使用本書

探索城市
從宗教歷史、藝術建築、飲食文化、特色美食、主題體驗，全面勾勒出土耳其風情。

本書希望讀者能在行前充分的準備，了解當地的生活文化、基本資訊，以及自行規畫旅遊行程，從賞美景、嚐美食、買特產，還能住得舒適，擁有一趟最深度、最優質、最精彩的自助旅行。書中規畫簡介如下：

深度漫遊
五大城市中，共企劃了9個深度漫遊專題，帶你了解每個城市的不同面貌。

【資訊使用圖例】

http	網址	$	價錢
📍	地址		交通指引
☎	電話	!?	注意事項
⏰	時間	⌛	停留時間
休	休息		

旅遊基本資訊
機場出入境、當地交通工具及購買票券等實用資訊，讓你出發前先做好準備。

QRCode
每個城市有提供地圖QRCode，可以立即掃描開啟地圖方便查找。

城市導覽
介紹五大城市的必訪景點、美食餐廳、住宿推薦。

DATA
提供詳盡的地址、電話、營業時間、價錢等商店資訊。

6

臺灣太雅出版編輯室提醒

太雅旅遊書提供地圖，讓旅行更便利

地圖採兩種形式：紙本地圖或電子地圖，若是提供紙本地圖，會直接繪製在書上，並無另附電子地圖；若採用電子地圖，則將書中介紹的景點、店家、餐廳、飯店，標示於GoogleMap，並提供地圖QR code供讀者快速掃描、確認位置，還可結合手機上路線規畫、導航功能，安心前往目的地。

提醒您，若使用本書提供的電子地圖，出發前請先下載成離線地圖，或事先印出，避免旅途中發生網路不穩定或無網路狀態。

出發前，請記得利用書上提供的通訊方式再一次確認

每個城市都是有生命的，會隨著時間不斷成長，「改變」於是成為不可避免的常態，雖然本書的作者與編輯已經盡力，讓書中呈現最新的資訊，但是，仍請讀者利用作者提供的通訊方式，再次確認相關訊息。因應流行性傳染病疫情，商家可能歇業或調整營業時間，出發前請先確認。

資訊不代表對服務品質的背書

本書作者所提供的飯店、餐廳、商店等等資訊，是作者個人經歷或採訪獲得的資訊，本書作者盡力介紹有特色與價值的旅遊資訊，但是過去有讀者因為店家或機構服務態度不佳，而產生對作者的誤解。敝社申明，「服務」是一種「人為」，作者無法為所有服務生或任何機構的職員背書他們的品行，甚或是費用與服務內容也會隨時間調動，所以，因時因地因人，可能會與作者的體會不同，這也是旅行的特質。

新版與舊版

太雅旅遊書銷售穩定的書籍，會不斷修訂再版，修訂時還區隔紙本與網路資訊的特性，在知識性、消費性、實用性、體驗性做不同比例的調整，太雅編輯部會不斷更新我們的策略，並在此園地說明。您也可以追蹤太雅IG跟上我們改變的腳步。

taiya.travel.club

票價震盪現象

越受歡迎的觀光城市，參觀門票和交通票券的價格，越容易調漲，特別Covid-19疫情後全球通膨影響，若出現跟書中的價格有落差，請以平常心接受。

謝謝眾多讀者的來信

過去太雅旅遊書，透過非常多讀者的來信，得知更多的資訊，甚至幫忙修訂，非常感謝大家的熱心與愛好旅遊的熱情。歡迎讀者將所知道的變動訊息，善用我們的「線上回函」或直接寄到taiya@morningstar.com.tw，讓華文旅遊者在世界成為彼此的幫助。

土耳其旅遊 Q&A

Q1 遊客會吃不習慣土耳其菜嗎？有什麼適應的小撇步？

土耳其菜和東亞地區的美食料理，無論是味蕾或者口感，都有很大的差距。土耳其料理以燒烤、燉菜及烤箱料理為主，來自台灣的旅人普遍會面臨到食物過鹹和油膩的感覺，該情況發生時，可以點一份優格(Yoğurt)或鹹優酪乳(Ayran)平衡一下，或者餐後點杯土耳其熱紅茶(Çay)。我個人則偏好自備綠茶包，只要買瓶裝水加入，即可去油解膩！

Q2 吃不習慣土耳其菜的話，有什麼實際的解決方法？

早餐可到咖啡館選擇熟悉的麵包類，搭配咖啡或紅茶；午餐和晚餐如果不想吃烤肉、捲餅料理，可以到家常菜餐廳(像台灣的自助餐館)，自己選擇和搭配一餐。行前也可自備一些泡麵和零食，有時候吃一吃熟悉的家鄉味，也就恢復繼續品嘗異國美食的動力了！

Q3 在土耳其的市集或商家，屢屢發生信用卡刷不過的情況，該如何解決或有無其他辦法？

該情況時常發生，出國前務必確認是否已開通國外刷卡功能，或者請店員在感應、刷卡和插卡之間多嘗試幾次；有時候是避免卡片在陌生國家被盜刷而出現的防盜刷機制，方便的話可遠端聯繫發卡銀行。另外，多帶幾張VISA或MasterCard信用卡，在土耳其當地ATM提領現金，或者多帶美金前往換匯，都是可行的作法。

Q4 土耳其城市內的大眾運輸發達嗎？

基本上城市內的大眾運輸都滿方便，以伊斯坦堡為例，當地有各種交通方式，連接不同地區。可參考本書介紹的各城市之「交通資訊」單元。

Q5 若要跨城市旅遊，搭長途巴士、國內線班機還是自駕好？

想欣賞風景，搭長途巴士；預算足夠，選擇國內線班機；時間足夠，自駕比較好玩有趣。盡量從預算、時間、需求多方考量，找出最適合自己的旅遊方式。

Q6 土耳其當地人都去哪裡度假，可以提供幾個道地的度假景點嗎？

阿拉尼亞(Alanya)、艾瓦勒克(Ayvalık)、博德魯姆(Bodrum)、博茲賈島(Bozcaada)、切什梅(Çeşme)、達特恰(Datça)、費特希耶(Fethiye)、卡什(Kaş)、庫薩達斯(Kuşadası)、馬爾馬里斯(Marmaris)，都是土耳其當地人相當推崇的度假勝地。

Q7 若想前往土耳其東南部旅行，有哪些地方值得去看一看？

推薦到有「土耳其廚房」之稱的加濟安泰普(Gaziantep)品嘗道地美食，阿德亞曼(Adıyaman)拜訪著名的內姆魯特山(Nemrut Dağı)，以及尚勒烏爾法(Şanlıurfa)參觀世界知名的哥貝克力石陣(Göbeklitepe)。

Q8 可以跟土耳其當地的流浪動物(貓、狗)玩嗎？需要注意什麼事情？

可以，但在不熟悉其性情的狀態下務必謹慎，如果牠們表現出不安或不悅，則應立即停止，避免被抓傷和咬傷。與流浪動物接觸後，一定要注重清潔，避免將傳染疾病帶回家。

Q9 前往土耳其旅遊時，如果突然生病或受傷需要就醫，他們的醫療資源情況如何？

土耳其擁有現代化醫療設備，特別是大城市的大醫院，皆提供英語服務。就醫後務必保存相關醫療紀錄。根據外交部建議出國旅遊前，盡可能投保涵蓋醫療服務之旅遊平安險，以保障生命安全與醫療急需，也避免造成極大之財務負擔。

看懂重要標誌

認識土耳其的重要標誌，可以更快速找到方向和地點。以下列出幾種常見的標誌：

旅遊實用單字

認識新朋友

  Take a Break

我來自台灣，不是泰國喔！

或許是讀音相近，土耳其許多人真的以為台灣就是泰國，如果遇到沒有任何網路連線，只要用最簡單的方式，在地圖上即可指出自己來自哪個國家。

東亞周邊地圖

Tips　使用土語拉近距離

基本問候使用英語，大多數當地人都能聽懂，學習土語則可以拉近距離，讓行程更加順利！

Günaydın 早安	**Affedersiniz** 請問您
İyi akşamlar 晚安	**Benim adım _____** 我叫 _____
Merhaba 你好	**Senin adın ne?** 你叫什麼名字？
Pardon 不好意思	**Memnun oldum!** 很高興認識你
Teşekkürler 謝謝	**Ben Tayvanlıyım.** 我是台灣人
Görüşürüz 再見	

機場篇

Tuvalet
洗手間

Beşiktaş
貝西克塔什（歐新城）

Kadıköy
卡德寇伊（亞洲岸）

Danışma
服務台

Taksim
塔克辛（歐新城）

Affedersiniz, _____ nerede acaba?
請問 _____ 在哪裡

Döviz bürosu
兌幣櫃檯

Karaköy
卡拉寇伊（歐新城）

Ben _____ gitmek istiyorum.
我要去 _____

Otobüs durağı
公車站

Eminönü
艾米諾努（歐舊城）

Nereden otobüse binebilirim?
我該在哪裡搭公車？

Taksi durağı
計程車招呼站

Sultanahmet
蘇丹艾哈邁德（歐舊城）

Oraya ne kadar gidilir?
到那裡要多少錢？

11

飯店篇

Tek kişilik oda
單人房

Lokanta
餐廳

Saat kaçta çıkış yapmam lazım?
退房時間是幾點？

Çift kişilik oda
雙人房

Acil çıkış
緊急出口

Kahvaltı nerede yapılır?
早餐要在哪裡用餐？

Asansör
電梯

Wifi şifresi nedir?
Wifi 密碼是什麼？

Boş odanız var mı?
請問還有空房嗎？

Odam sigara kokuyor.
我的房間裡有菸味。

Geceliği ne kadar?
住宿費一晚多少錢？

Bu oda çok gürültülü.
這個房間很吵。

Ben _____ gece kalmak istiyorum.
我要住 _____ 晚。

Lütfen odamı değiştirin.
請幫我換房間。

Şimdi giriş yapabilir miyim?
現在可以辦理入住嗎？

旅行篇

Doğru gidin
直走

Çıkış
出口

Affedersiniz, burası neresi?
請問這裡是哪裡？

Sağa dönün
右轉

Çince
中文

Affedersiniz, ___ nasıl gidebilirim?
請問 _____ 要怎麼去？

Sola dönün
左轉

İngilizce
英語

Sesli rehber hizmeti var mı?
有語音導覽服務嗎？

Karşı tarafta
對面

Japonca
日語

Buralarda tuvalet var mı?
這附近有沒有洗手間呢？

Giriş
入口

Pardon, bir fotoğraf çekebilir misiniz?
可以請你幫我拍一張照片嗎？

購物篇

Kredi kartı
信用卡

Biraz indirim yapın lütfen.
算我便宜一點可以嗎？

Ben bunu almak istiyorum.
我想要買這個。

Kredi kartı ile ödeyebilir miyim?
我可以用信用卡付款嗎？

Toplam ne kadar?
總共多少錢？

Buradan satın alırsam vergi iadesi alabilir miyim?
這裡購物能做退稅嗎？

12

餐廳篇

Çay
土耳其紅茶

Baya güzel
很不錯

Birkaç yemek önerebilir misiniz?
你可以推薦我們一些餐點嗎？

Çok lezzetli
非常好吃

Çayınız var mı?
你們有土耳其紅茶嗎？

Yakınlarda önerilen lokanta var mı?
這附近有沒有推薦的餐館？

Hesabı alabilir miyim?
我要買單。

Biz _____ kişiyiz.
我們共（手比人數）個人。

Kredi kartı ile ödeyebilir miyim?
我可以用信用卡付款嗎？

緊急篇

Polis Merkezi
警察局

Hastane
醫院

Kendimi iyi hissetmiyorum.
我的身體不舒服。

Postane
郵局

Tuvalet
洗手間

Lütfen bir ambulans çağırın.
請幫我叫救護車。

Eczane
藥局

Teşhis sonucumu verir misiniz?
請開診斷書給我。

Yardıma ihtiyacım var.
我需要幫助。

Eşyalarım çalındı!
我的東西被偷了！

En yakın _____ nerede?
最近的（地點）在哪裡？

土耳其經典熱搜

來到土耳其必看的景點有哪些？從五大城市挑選出必看的經典景點，千萬別錯過喔！

伊斯坦堡 ISTANBUL 璀璨經典

聖索菲亞清真寺
Ayasofya Camii

見證了拜占庭與鄂圖曼土耳其兩大帝國的千年建築奇蹟，其以獨特的圓頂與多元的壁畫為世人驚嘆。

詳細內容請見P.82

蘇丹艾哈邁德清真寺
Sultanahmet Camii

作為鄂圖曼土耳其帝國建築藝術的巔峰之作，內部以絕美藍色瓷磚而聞名，故稱「藍色清真寺」，如今吸引無數遊客前來朝聖。

詳細內容請見P.84

托普卡匹皇宮
Topkapı Sarayı

　　數百年前鄂圖曼土耳其帝國的權力中心，曾是蘇丹的居所與朝政中心，坐擁珍貴的藏品與典雅的庭院，展現出帝國時代的富麗堂皇。

詳細內容請見P.86

有頂大市集
Kapalı Çarş

　　東方神祕市集的縮影，這座擁有數百年歷史的大市集，以琳瑯滿目的商品和錯綜複雜的小巷，讓人沉浸於購物的樂趣和歷史的氛圍中。

詳細內容請見P.89

番紅花城 SAFRANBOLU 自然純樸

赫德爾勒克山丘
Hıdırlık Tepesi

俯瞰番紅花城歷史小鎮全景的絕佳地點，欣賞如畫般的鄂圖曼宅邸與蜿蜒的街道，想捕捉經典照片絕不可錯過。

詳細內容請見P.132

卡帕多奇亞 KAPADOKYA 奇幻色彩

格雷梅露天博物館
Göreme Açık Hava Müzesi

千年以來由天然岩石刻畫出來的洞穴教堂和修道院群，內部保存了色彩鮮豔的壁畫，實為卡帕多奇亞不可錯過的歷史瑰寶。

詳細內容請見P.152

棉堡 PAMUKKALE 童話世界

棉堡石灰棚
Pamukkale

　　天然溫泉流淌在石灰岩形成的白色梯田上，景色如夢似幻，這般壯麗的自然奇觀吸引了無數遊客前來欣賞和拍照留念。

詳細內容請見P.176

伊茲密爾 İZMİR 浪漫自由

以弗所
Efes Örenyeri

　　世界上規模最大、保存最完整的古希臘羅馬遺跡，透過大劇場、神廟與圖書館，展現出古代文明的智慧與繁榮，著實令人嘆為觀止。

詳細內容請見P.198

認識土耳其

　　橫跨歐亞兩大洲的土耳其，擁有豐富的歷史遺產與自然景觀，從古代文明到現代都市，這片土地融合了東西方的風情，現在讓我們一同前往探索吧！

地理位置

位於西亞的土耳其，是個橫跨歐洲和亞洲的國家，擁有一片廣袤土地的它，97%的國土鋪展於亞洲的安納托利亞(Anadolu)，而僅有的3%則位在歐洲的色雷斯(Trakya)。此地理位置獨特的國家，北臨生機勃勃的黑海，西接浪漫的愛琴海，並與保加利亞和希臘相鄰，而南望蔚藍的地中海，東側接壤著喬治亞、亞美尼亞、亞塞拜然、伊朗、伊拉克以及敘利亞等國。

土耳其的地勢之美，更體現在其境內的兩條重要海峽——博斯普魯斯海峽(İstanbul Boğazı)和達達尼爾海峽(Çanakkale Boğazı)。前者是連接黑海與馬爾馬拉海的天然航道，不僅是船隻往返黑海與地中海的必經之路，其兩岸風光亦成為伊斯坦堡觀光產業的珍貴資產。後者，則連接愛琴海與馬爾馬拉海，掌握無數在此進行商貿活動的貨輪；在土耳其，它有個家喻戶曉的名稱，叫作「恰納卡萊海峽」。

土耳其全國共有81個省分，根據其多樣的地形和氣候特點，被劃分為七大區域，分別是：黑海地區、馬爾馬拉海地區、愛琴海地區、地中海地區、東南安納托利亞地區、東部安納托利亞地區和中部安納托利亞地區，共同織就了這個國家多姿多彩的地理和文化圖譜。

▶ 電影《特洛伊：木馬屠城》中的道具木馬，紀念恰納卡萊當地出土的特洛伊遺址

20

歷史背景

土耳其所在的這塊古老而豐饒的土地，自古以來便有著「小亞細亞」(Küçük Asya)的美稱，今日的土耳其人稱它「安納托利亞」，但不論它的名字為何，其歷史和文化遺產始終成了不可抹滅的一部分，並且銘刻於世界文明的記憶之中。

早在一萬年前，安納托利亞就有了人類的足跡，文明在這裡醞釀並且發展開來，從初期的古文明時期、希臘化時代、羅馬帝國、東羅馬帝國，到後來的鄂圖曼帝國以及土耳其共和國，這裡一直是多元歷史和文化的交匯點。時光的流轉之下，土耳其如今展現給世人的，是它綜合各時期的精華，也是最精采的面貌。

B.C 9600～B.C 546	B.C 323～B.C 31	B.C 31～A.D 395	A.D 395～A.D 1453	A.D 1299～A.D 1923	A.D 1923～
古文明時期	希臘化時代	羅馬帝國	東羅馬帝國	鄂圖曼帝國	土耳其共和國

安納托利亞與古文明

這片土地見證了人類文明的曙光，著名的亞述、蘇美、西臺文明等，皆曾在安納托利亞這個大舞台上，演出它們輝煌的一頁。希臘化時代，作為這一歷史篇章的亮點，更為安納托利亞帶來了無數的藝術瑰寶，其留給後世的建築和雕刻，不僅是技藝的展示，也是文化的反映；這些被世人所推崇的藝術之美，至今依然可在土耳其的博物館內近距離欣賞。精采的面貌。

1.位在加濟安泰普的Zeugma馬賽克博物館，收藏世界最早的千年馬賽克畫／2.位於尚勒烏爾法的「哥貝克力石陣」(Göbekli Tepe)，是目前世界上最早的歷史遺跡，擁有12,000年歷史／3.素有「土耳其人頭山」之稱的「內姆魯特山」(Nemrut Dağı)，是阿德亞曼的知名景點

羅馬帝國

西元前31年，羅馬帝國的建立標誌著一個新紀元的開始。當他們踏遍安納托利亞的那一刻，這片土地的命運被永久地改寫，從羅馬浴場、水道橋到競技場遺址，成為了時間的見證者，見證著當時帝國的宏偉。

相傳，聖母瑪麗亞即是在當時安納托利亞的西部城市——以弗所(Efes)山區的一間小屋中，度過晚年並在此辭世；而深受孩童喜愛的聖誕老人，其原型人物聖尼古拉斯(Aziz Nikolas)，則出生於該時期安納托利亞南部的海濱地區，今日土耳其安塔利亞省(Antalya)境內。

西元395年，羅馬帝國分裂為東西兩個部分。西羅馬帝國以羅馬為首都，東羅馬帝國則以君士坦丁堡為首都，其中，君士坦丁堡即今日的伊斯坦堡。土耳其土地的歷史，與羅馬帝國有著不解的緣分，也為往後的世代帶來深遠的影響。

鄂圖曼帝國

西元1299年，鄂圖曼土耳其人首領奧斯曼一世(I. Osman)建立了後來在歷史上征服歐、亞和非洲等地的鄂圖曼帝國，從而展開了一段波瀾壯闊的歷史。1453年，年僅21歲的蘇丹穆罕默德二世(II. Mehmet)攻陷了君士坦丁堡，結束了東羅馬帝國的統治，並將其名改為伊斯坦堡，成為鄂圖曼帝國的新首都。

1.羅馬帝國時期留下的人物雕像，目前收藏於哈塔伊考古博物館／2.聖誕老人原型人物「聖尼古拉斯」布道的教堂，距今有1,700年歷史／3.鄂圖曼帝國海軍服裝演變／4.位在布爾薩(Bursa)的鄂圖曼一世陵寢

信仰伊斯蘭教的年輕蘇丹並未要求當地的基督教徒、亞美尼亞人和猶太人改變他們的宗教信仰,而是針對多元的大環境設立「米利特」(Millet)制度,保障不同民族在宗教、經濟及法律上享有一定程度的自治權。

西元16世紀,鄂圖曼帝國進一步擴張,成為橫跨歐亞非的偉大帝國。蘇萊曼大帝(Kanuni Sultan Süleyman)率領的鄂圖曼軍隊於1526年征服了匈牙利王國,並於3年後圍攻維也納,雖未成功,但也顯示鄂圖曼帝國的強大實力。

然而,西元19世紀後,鄂圖曼帝國開始迅速衰落,主要原因為無力應對歐洲列強的入侵及新時代的鉅變。1923年,鄂圖曼帝國正式結束,永遠地走入了歷史的長河。

土耳其共和國

西元1915年,土耳其軍官凱末爾(Mustafa Kemal Atatürk)在「恰納卡萊之戰」中率領土耳其人成功擊退列強勢力,並於1923年建立土耳其共和國,同時當選為土耳其共和國第一任總統。上任期間,凱末爾展開了一系列改革運動,旨在實現土耳其的世俗化,以迎接新時代的來臨。透過全新的治理方式和改革手段,摒棄宗教制度與現代化之間的矛盾,將土耳其引向開放與進步的道路。

首先,凱末爾廢除了歷史悠久的哈里發制度,斷除宗教與教育及法律之間的連結,包括:停辦宗教學校、關閉宗教法庭等。隨後於西元1925年,進行了服飾改革,法律明確嚴禁於公眾場合穿著宗教服飾,女性亦不得配戴頭巾和面紗。1928年,廢除使用數百年的阿拉伯字母,改以拉丁字母書寫土耳其文。1934年,土耳其議會通過《姓氏法》,從此土耳其人普遍使用姓氏;同年,通過了賦予女性參政的相關法案,早於許多歐洲國家。

凱末爾的改革帶給土耳其共和國嶄新的面貌,使其融合了新舊價值觀,也成為現今土耳其的特色之一。或許它在世人的眼中仍屬穆斯林的國度,卻是深具現代和開放思想的一個。

1.愛國的土耳其人,各地皆可見國旗高掛/2.土耳其共和國早期報紙展覽,右上為世界首位女性戰鬥機飛行員薩比哈格克琴(Sabiha Gökçen)的報導/3.熱愛共和國早期古董藝術的土耳其收藏家

世界遺產

擁有著悠久歷史和豐富人文資源的土耳其，目前擁有21個世界遺產，其中有19個被列為「文化遺產」，另外2個則是「文化與自然雙重遺產」，簡稱為「複合遺產」。現在，讓我們按照本書的五大旅遊地區，來探索土耳其的五大世界遺產吧！

☪ ★ 文化遺產　　☾ ★ 複合遺產

世界遺產地圖

- ☪ 塞利米耶清真寺 Selimiye Camii ve Külliyesi
- ☪ 伊斯坦堡歷史區 İstanbul'un Tarihî Alanları
- ☪ 番紅花城 Safranbolu Şehri
- ☪ 戈爾迪翁 Gordion
- ☪ 布爾薩與朱馬勒克茲克：鄂圖曼帝國的誕生 Bursa ve Cumalıkızık:Osmanlı İmparatorluğu'nun Doğuşu
- ☪ 特洛伊考古遺址 Troya Arkeolojik Alanı
- ☪ 貝加蒙及其多層次文化景觀 Pergamon Çok Katmanlı Kültürel Peyzajı
- ☪ 迪夫里伊大清真寺與醫院 Divriği Ulu Cami ve Darüşşifası
- ☾ 格雷梅國家公園與卡帕多奇亞岩石群 Göreme Millî Parkı ve Kapadokya
- ☪ 以弗所 Efes
- ☪ 阿芙羅黛西亞斯 Afrodisias
- ☪ 阿斯蘭特佩土丘 Arslantepe Höyüğü
- ☾ 希拉波利斯—棉堡 Hierapolis-Pamukkale
- ☪ 加泰土丘新石器時代遺址 Çatalhöyük Neolitik Alanı
- ☪ 內姆魯特山 Nemrut Dağı
- ☪ 哈圖沙：西臺首都 Hattuşa: Hitit Başkenti
- ☪ 安納托利亞中世紀木製多柱式清真寺 Anadolu'nun Ortaçağ Dönemi Ahşap Hipostil Camileri
- ☪ 哥貝克力石陣 Göbeklitepe
- ☪ 桑索斯—萊圖恩 Ksanthos-Letoon

24

土耳其五大世界遺產

特洛伊考古遺址
Troya Arkeolojik Alanı

阿尼古城
Ani Arkeolojik Alanı

迪亞巴克爾堡壘與赫夫塞爾花園文化景觀
Diyarbakır Kalesi ve
Hevsel Bahçeleri Kültürel Peyzajı

伊斯坦堡省 (İstanbul)
伊斯坦堡歷史區
İstanbul'un Tarihi Alanları

西元 1985 年列入文化遺產

伊斯坦堡是世界上唯一橫跨歐洲和亞洲的城市，也是基督教的東羅馬帝國和伊斯蘭教的鄂圖曼帝國的首都。伊斯坦堡歷史區著名的景點有：聖索菲亞大教堂、托普卡匹皇宮、藍色清真寺和蘇萊曼尼耶清真寺。

1.Haliç 水上地鐵站拍攝之舊城美景／2.伊斯坦堡著名地標之一「加拉達塔」／3.宛如童話城堡般的舊皇宮大門／4.站在藍色清真寺門前遠望聖索菲亞清真寺

認識土耳其　世界遺產

25

卡拉比克省 (Karabük)
番紅花城
Safranbolu Şehri
西元 1994 年列入文化遺產

西元13世紀起，位在黑海地區的番紅花城是東西絲路貿易線上的重要驛站，它更因當地的番紅花香料貿易而得名，最著名的景點是目前土耳其保留最完整的鄂圖曼式建築群。

1.赫德爾勒克山丘眺望小鎮美景／2.民宿房間內別緻的窗景／3.歷史悠久的鄂圖曼式建築群／4.古色古香的傳統室內布置

內夫謝希爾省 (Nevşehir)
格雷梅國家公園與卡帕多奇亞岩石群
Göreme Milli Parkı ve Kapadokya
西元 1985 年列入複合遺產

位於安納托利亞高原中西部，數百萬年前卡帕多奇亞歷經火山爆發形成熔岩，在風化和降雨的沖刷下，形成宛如「精靈世界」的特殊景觀，著名的景點包括岩洞內的教堂以及早期基督徒為躲避羅馬帝國迫害所建造的地下城。

1.一望無盡的荒漠景象，是卡帕多奇亞帶給世人最深遠的震撼／2.繫著藍眼睛的小樹，象徵無數旅人的心願／3.景觀奇特的烏奇薩城堡為卡帕多奇亞十分顯眼的地標之一／4.歡迎來到「幻想谷」，猜猜這座岩石像什麼動物呢

代尼茲利省 (Denizli)
希拉波利斯 - 棉堡
Hierapolis ve Pamukkale
西元 1988 年列入複合遺產

棉堡以獨特的石灰棚自然景觀,以及早在西元前2世紀希臘化時代就被作為療養使用的溫泉聞名,其中,希拉波利斯古城也是旅人的必訪景點。

1.旅人們一邊浸泡在天然石灰岩池中,一邊合照與聊天／2.與古蹟共遊,來棉堡一定要體驗的活動／3.保持最完整的「希拉波利斯大劇場遺址」／4.壯闊的大自然景觀下,人類多麼渺小

伊茲密爾省 (İzmir)
以弗所
Efes
西元 2015 年列入文化遺產

以弗所由古希臘人建立,這座大城裡的建築皆以優雅的白色大理石建造而成,其後歷經羅馬人統治的時代,留下許多經典建築,例如:塞爾蘇斯圖書館及大戲院等。

1.歷史悠久的大劇院遺址,過去的風華如今化為塵土／2.塞爾蘇斯圖書館雕像,展現人類精彩的藝術文化／3.世界知名的「塞爾蘇斯圖書館」,就在以弗所遺址區／4.古代世界七大奇觀之一的亞底米神殿遺址

土耳其小檔案

國旗 | 紅白星月旗

星月圖案最早為西元前4世紀古希臘城邦拜占庭的象徵符號，並且持續使用至東羅馬帝國時代，西元1453年鄂圖曼土耳其人取下君士坦丁堡後，它也成為鄂圖曼帝國新旗幟的象徵。

今日所見的土耳其國旗，其前身為西元1844年設計的一面鄂圖曼旗幟，雖然紅色原本就是帝國的象徵色，但共和國使用紅色為國旗底色，則有個更普遍為人接受的說法，為紀念在獨立戰爭中壯烈犧牲的士兵們，它也代表著土耳其人守護家園的決心。

西元1983年，土耳其國旗法訂定之後，才確立標準的國旗規格。

▲高掛建築牆面的國旗，是土耳其常見的街頭風景

語言 | 土耳其語

土耳其以土耳其語為官方語言，屬於烏拉爾阿爾泰語系突厥語族，目前全世界有超過8,500萬人使用土耳其語。早期的土耳其文以阿拉伯字母書寫，今日所見的土耳其文是國父凱末爾於西元1928年進行文字改革後，採用拉丁字母書寫而成。

土耳其文字母和我們熟悉的拉丁字母A、B、C相近，但有一些我們陌生的字母也在其中，例如：Ç、Ğ、I、Ö、Ş、Ü等。土耳其觀光地區和都會區具備英語能力的當地人比例較高，一般地區能以英語交流的人數大幅減少，建議出發前學習些基本問候語，相信將對旅行帶來莫大的幫助！

宗教 | 伊斯蘭教

土耳其人普遍信仰伊斯蘭教，多數為遜尼教派，亦有基督教徒和無神論者。伊斯蘭教對當地穆斯林來說，是精神上的指標，也深入穆斯林的生活之中，因此，城裡的清真寺密度也特別高，有如台灣的便利商店之密度。土耳其的兩大國定假日都是宗教節日，分別為開齋節與古爾邦節。

時區 | UTC+3

土耳其政府於西元2016年宣布廢除冬令時間(UTC+2)，以夏令時間(UTC+3)為準，和臺灣相差5小時，例如：臺灣時間中午12:00，土耳其則為上午7:00。

貨幣 ｜ 土耳其里拉

土耳其里拉的標準代碼為TRY，貨幣符號為「₺」，也會簡寫成「TL」。最小的貨幣單位是1庫魯，相當於0.01里拉，簡寫為「KR」，目前發行的硬幣有：5庫魯、10庫魯、25庫魯、50庫魯和1里拉；紙幣有：5里拉、10里拉、20里拉、50里拉、100里拉和200里拉，正面都是國父凱末爾的肖像。

近年來，由於嚴重的通貨膨脹，導致土耳其里拉在5年內暴跌80%，建議出發前再次查看近期匯率，並且備妥充足的美金或歐元等外幣前往換匯。

▲土耳其紙鈔與銅板

電壓 ｜ 標準電壓 220V

電源插座為歐洲規格雙腳圓型的E和F型，標準電壓為220V，標準頻率為50Hz。請勿使用非220V電壓的電器，以免發生危險。

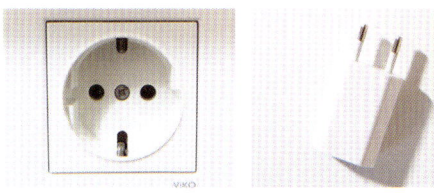
▲採歐洲雙圓頭規格的土耳其插座

氣候 ｜ 溫帶地中海型氣候

土耳其的氣候，主要為夏季乾熱、冬季濕冷的地中海型氣候，各地區四季的氣溫皆有所差異，以4、5月的春季和8、9月的秋季最為舒適宜人。建議出發前一週，查看土耳其各地區的天氣預報。

治安 ｜ 保持警覺心

土耳其一般地區人民普遍友善、治安良好，然而，觀光地區務必保持高度警覺心。走在街上應當照看好自己的隨身物品，避免輕信陌生人和擁有過多的接觸，此外，請小心任何人的言語及行為所造成的不適，如遇騷擾或其它疑慮，可按照當地人的作法：直接且明確地拒絕對方，並迅速離開現場。

Tips 緊急聯絡資訊

發生緊急狀況時，可撥打 155 尋求警察局協助，也可聯絡臺灣駐土耳其代表處 (駐安卡拉臺北經濟文化代表團 Taipei Economic and Cultural Mission in Ankara)。

臺灣駐土耳其代表處

- www.roc-taiwan.org/tr
- tur@mofa.gov.tw
- +90 312 436 7255(護照與簽證事項可致電查詢)，+90 532 322 7162(緊急重大事件求助專線)

行前準備

計畫前往土耳其旅行，了解如何行前準備至關重要，從天氣、行程、機票、住宿，以下介紹將協助你順利安排愉快的旅程。

選擇旅遊月分與天數

土耳其各地每月的天氣及溫差狀況皆有所差異，建議按照欲前往旅遊的城市，查詢各地的氣候資料，以便正確選擇理想的旅遊月分；以下以伊斯坦堡的每月天氣和適合旅遊月分為例。

選擇理想的旅遊月分

	12月	1月	2月	3月	4月	5月	6月	7月	8月	9月	10月	11月
季節	冬	冬	冬	春	春	春	夏	夏	夏	秋	秋	秋
平均氣溫	5～11℃	3～9℃	3～9℃	5～12℃	8～17℃	13～22℃	18～27℃	20～29℃	22～29℃	17～25℃	13～20℃	8～15℃
旅遊狀態	淡季，喜歡冬季旅遊者適合前往			適合旅遊			旺季，人潮最擁擠的月份			適合旅遊		

旅遊天數建議

若前往旅遊的城市只有伊斯坦堡，建議安排3～5天；欲旅遊土耳其的其他景點地區，例如：番紅花城、卡帕多奇亞、棉堡、伊茲密爾等地，則建議安排7～14天；想遊遍土耳其，那麼半個月以上至電子簽證期限的30天是最適合的旅遊天數規畫！

1.伊斯坦堡每年四月鬱金香盛開／2.在伊斯坦堡搭渡輪欣賞美景／3.土耳其的春夏季節特別適合旅行

行程規畫

期待已久的假期終於到來，土耳其這麼多的旅遊景點，是否在思考要怎麼安排這趟土耳其旅行呢？以下為旅人規畫出7日及14日旅遊行程，歡迎多加參考以安排出最適合自己的假期行程吧！

7天：經典之旅
伊斯坦堡→伊茲密爾→棉堡→卡帕多奇亞

現代人工作繁忙，好不容易撥出7天假期，一定要好好規畫。7日經典之旅以伊斯坦堡和伊茲密爾為主要行程，加入一個距離較遠的棉堡或卡帕多奇亞供彈性選擇，幫助旅人規畫出最精華且經典的土耳其之旅。

由於時間有限，7日經典之旅建議以國內線班機作為主要移動方式，行程僅供參考，實際可按照安排之交通動線，進行彈性更動。

行程 1

Day 1-3 ／伊斯坦堡歐洲岸
Day 4 ／伊茲密爾市區
Day 5 ／以弗所
Day 6 ／棉堡
Day 7 ／伊斯坦堡亞洲岸

行程 2

Day 1-2 ／伊斯坦堡歐洲岸
Day 3 ／伊茲密爾市區
Day 4 ／以弗所
Day 5 ／格雷梅
Day 6 ／卡帕多奇亞其他城鎮
Day 7 ／卡帕多奇亞其他城鎮或伊斯坦堡亞洲岸

1.旅途上的一景一物都將是最美好的回憶／2.土耳其吸引無數各地遊客前來度假／3.走累了來一杯土耳其紅茶

14 天：深度之旅
伊斯坦堡→番紅花城→卡帕多奇亞→棉堡→伊茲密爾

　　一年一次的出國行，許多懂玩的旅人會選擇土耳其進行一場深度之旅。14日深度之旅以本書介紹之五大城市作為主要行程，為旅人安排可行的交通路線以及適合的旅遊天數，給予最有效率又深入的旅遊規畫。

Day 1-3 / 伊斯坦堡歐洲岸
Day 4 / 番紅花城舊城
Day 5 / 番紅花城其他地區
Day 6 / 卡帕多奇亞格雷梅
Day 7-8 / 卡帕多奇亞其他城鎮
Day 9 / 棉堡
Day 10 / 伊茲密爾市區
Day 11 / 以弗所
Day 12 / 阿拉恰特
Day 13 / 伊斯坦堡亞洲岸
Day 14 / 伊斯坦堡亞洲岸王子島群

1.旅人爭相一睹伊斯坦堡藍色清真寺的風采／
2.累了就在露天座坐下來，欣賞街區的人來人往

機票訂購

選擇航空公司

　　從桃園國際機場飛往伊斯坦堡機場，航程約10.5～12小時，目前直飛的航空公司有土耳其航空(TURKISH AIRLINES)，票價按旅遊淡旺季及預訂時間有所不同，建議於行前3個月至半年預訂，可獲得較實惠的票價。

　　土耳其航空機上餐點豐富多元，在國際上獲得高度肯定，惟須考量機位超賣的問題，請旅人多方考量。除了直飛的航班，轉機也是另一種選擇，目前韓亞航空(ASIANA AIRLINES)、阿聯酋航空(Emirates)和新加坡

航空(Singapore Airlines)都有前往土耳其伊斯坦堡的航班，其優點為票價相對便宜，但轉機等待時間長，出境至當地一日遊也是不少旅人的作法之一；其中，阿聯酋航空和新加坡航空經常獲得旅人的高度評價。

預訂機票

透過Google航班／機票查詢航班資訊，找到最理想的航班後，前往該航空公司官網進行預訂；在預訂機票後，務必仔細查看收到的電子郵件內容，並於出發前多加留意航班相關資訊。若未來可能多次搭乘該航空公司，可以加入航空公司的會員並累計里程數，也許有機會換取一張免費航班機票及其他優惠！

Google航班／機票查詢系統操作簡單，只需選擇出發地、目的地和往返日期，即可得到航班資訊。

http www.google.com/flights

國內線航班

計畫前往土耳其多個城市旅遊嗎？雖然土耳其境內長途巴士非常發達，但若想要減少拉車的時間，讓行程更有效率，玩得更有活力，國內線航班絕對會是最好的選擇。以下介紹土耳其各家航空公司提供旅人選擇：

1.平安飛往土耳其伊斯坦堡機場／2.享用美味的機上餐點

AJet

原Anadolujet，上級機構為土耳其航空，總部位於安卡拉(Ankara)，在伊斯坦堡以莎比哈格克琴國際機場(SAW)為中心。

http ajet.com/tr

TURKISH AIRLINES

土耳其航空，為星空聯盟(STAR ALLIANCE)成員，總部位於伊斯坦堡，以伊斯坦堡機場(IST)為中心，是全世界負責最多航線與業務的航空公司。

http www.turkishairlines.com

SunExpress

太陽快運航空，由土耳其航空與德國漢莎航空(Lufthansa)共同營運，總部位於安塔利亞(Antalya)，以安塔利亞機場(AYT)及伊茲密爾(İzmir)的阿德南曼德里斯機場(ADB)為中心。

[http] www.sunexpress.com

PEGASUS

飛馬航空，土耳其廉價航空，總部位於伊斯坦堡，以伊斯坦堡的莎比哈格克琴國際機場(SAW)為中心。

[http] www.flypgs.com

申請電子簽證

請網站	www.evisa.gov.tr
簽證費用	自2016年2月10日起享免簽證費待遇
最佳申請時間	出發前3～7天
申請所需資料	6個月以上效期且停留土耳其期限截止日起至少尚餘60天效期之普通護照、航班資料及入住旅館資訊
申請所需時間	申請後24小時內寄送至電子郵件
旅可入境時間	填寫完「入境日期」後，該日期往後的180天皆為可入境時間
停留天數	洽商、觀光或文化交流，半年內多次入境、每次停留期限30天，每180天內以電子簽入境，停留時間總計不得逾90天

申請步驟

 Step 1 **前往申請網站**

進入網站後，語言有中文選項，選擇左上方的「立即申請」。

Tips　簽證注意事項

前往申請網站時，務必注意是否進入正確的網站，謹記：電子簽證自 2016 年 2 月 10 日開始就是免簽證費用的，任何索取費用的網站，皆有可能為代辦和詐騙網站！

Tips　當地住宿推薦

預訂住宿不想踩雷？想知道土耳其當地的飯店詳情，請參考本書每個城市中的「住宿推薦」單元，裡面收錄了多家近年來經常獲得旅人好評的住宿名單喔！

Step 2　開始填寫資料

備妥所需資料，即可開始填寫、申請電子簽證！

Step 3　列印電子簽證

電子簽證申請完成後，將於24小時內寄送至電子郵件，務必將電子簽證列印並妥善保管，於入境土耳其時與護照一併交給移民官查看。

訂房與住宿

預訂土耳其的飯店，訂房網站的選擇非常重要，請旅人務必透過合法及有保障的訂房網站，且在預訂時仔細查看飯店的詳細資訊，例如：位置、交通、房型、設備以及有無附贈早餐等，也多加留意飯店針對不同房型所制定的退款規則，以及付款的流程。

完成預訂後，請保留相關資料及預訂證明，避免入住時發生不必要的糾紛，例如：房型無故被更換、重複扣款，或者房間超賣因而被轉往其他飯店等常見情況。

入住飯店後，一定要檢查房間內的所有設備是否齊全、運作正常，或是房間內是否有異味等，若有任何異常或不滿意的情形，建議及早向櫃檯人員反映，讓問題在第一時間有所解決與改善。

土耳其飯店通常分為吸菸房與無菸房，入住時可告知飯店個人需求，方便櫃檯人員進行安排。本書附有「旅遊實用單字」，請見P.11。

1.提早預訂，用划算的價格住進最滿意的飯店／2.每個城市不同飯店都有不一樣的特色和設施

宗教節慶與假日

國定假日

1,2.宗教假期各地出外人數明顯增加

1/1　新年
Yılbaşı

大城市皆有跨年活動，年輕人喜歡參加及迎接新年的到來。

4/23　國家主權日與兒童節
Ulusal Egemenlik ve Çocuk Bayramı

1920年4月23日土耳其大國民議會成立，象徵人民獲得主權；1929年，土耳其國父凱末爾將這天訂為兒童節，有「兒童是國家的未來」之意。往後每年兒童節，各城市和學校都有相關慶祝活動，這天孩童們還能到政府部門參觀，並且坐上官員的座椅！

5/1　勞動節
İşçi Bayramı

時值土耳其春夏之際，人們喜歡在這天出門郊遊。

5/19　國父紀念日與青年體育節
Atatürk'ü Anma, Gençlik ve Spor Bayramı

1919年5月19日土耳其國父凱末爾出征薩姆松(Samsun)並發起土耳其獨立戰爭；1938年，凱末爾將這天訂為青年節，有「祖國之獨立由青年捍衛」之意。每年青年節，各地會舉辦相關體育活動。

7/15　民主與國家團結日
Demokrasi ve Milli Birlik Günü

2016年7月15日土耳其軍方發動政變未遂，政府為紀念在政變中受傷及喪生的平民英雄們，將這天訂為國定假日，象徵「人民的勝利」紀念日。這天人們上街並揮舞著國旗，表達民主不可被動搖的決心。

Tips　安排行程提醒

在計畫前往土耳其旅遊時，值得特別留意土耳其的宗教節日日期及放假天數，除了能更完善地安排行程，也可避免節日期間旅遊所帶來的困擾和影響，例如：買不到長途巴士、國內班機座位的尷尬狀況，遇上博物館休館。將旅遊與當地節日錯開，旅遊品質和心情必能大大提升！

8/30　勝利節
Zafer Bayramı

慶祝1922年8月30日土耳其軍隊戰勝希臘軍隊，它亦象徵著和平與民主時代的來臨。當天人們會高掛國旗，慶祝土耳其人的勝利！

10/29　國慶日
Cumhuriyet Bayramı

1923年10月29日土耳其共和國宣告成立。每年國慶日，土耳其各地都有相關慶祝活動，紅白星月旗處處可見。

宗教節日（伊斯蘭曆）

10/1　開齋節
Ramazan Bayramı

穆斯林慶祝拉瑪丹月(齋戒月)結束的日子。拉瑪丹月為伊斯蘭曆中的第9個月，這個月穆斯林進行齋戒，而當閃瓦魯月，也就是伊斯蘭曆中的第10個月來臨時，穆斯林會在這天穿著新衣前去拜訪親友，和華人的農曆新年十分相像。

12/10　古爾邦節（又作「宰牲節」或「忠孝節」）
Kurban Bayramı

源自於真主安拉為了考驗先知易卜拉欣，命令他將兒子殺死獻祭，易卜拉欣相信一切自有真主的安排，因此完全服從；當他準備將兒子獻祭時，真主安拉命令天使送來了一隻羊以代替易卜拉欣的兒子，他的兒子因此免於被殺死，易卜拉欣也通過了真主的考驗。忠孝節當天，穆斯林會宰羊、牛或是駱駝，將肉的1/3留自家吃，1/3分送給親友，另外1/3分享給窮人和需要的人。

1,2.齋戒月期間市政府舉辦公共開齋聚餐，邀請市民共襄盛舉／3.齋戒月期間市區氣氛熱鬧，超市也推出限定商品

認識土耳其　行前準備

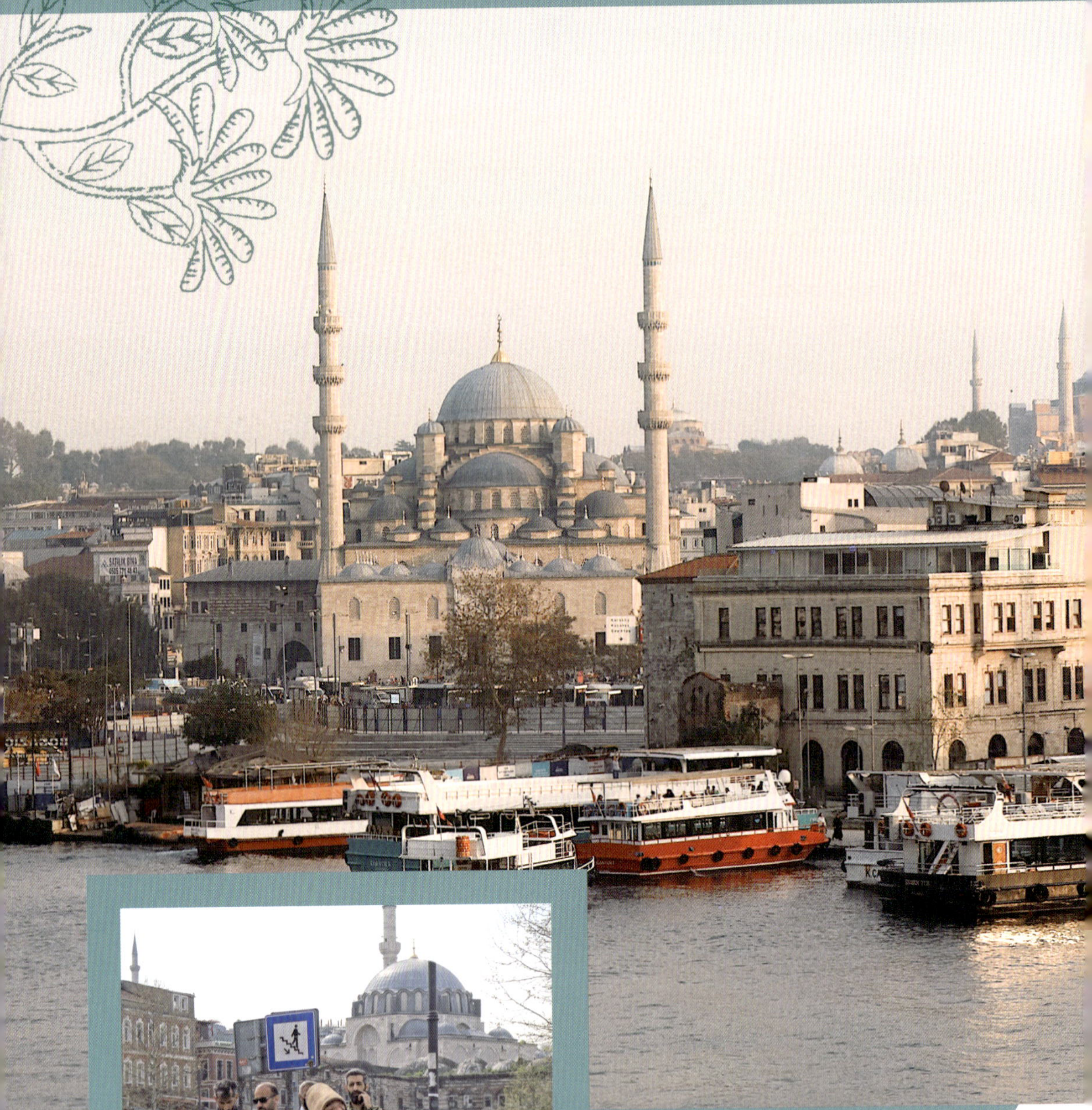

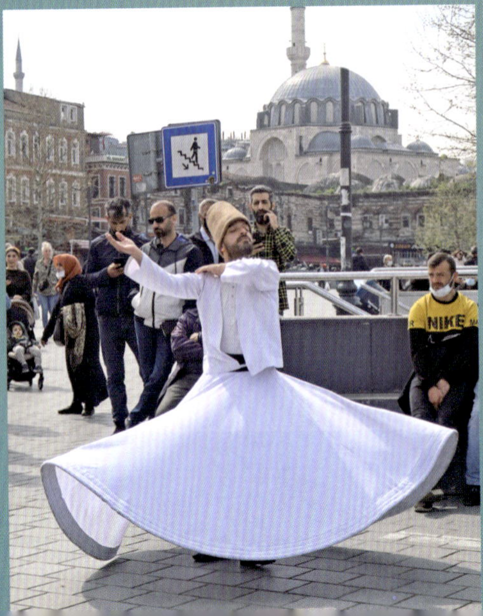
NIKE

探索星月國度

紫紅的晚霞下,船上的人們無不驚嘆著。而我則問自己:「這樣的地方,要我如何離開?」那一場召喚奏效了。現在,作為居民,我在伊斯坦堡的每一個角落都留下了屬於自己的回憶,成為我生命中最精采的一部分。

土耳其人的民族性

Tips 保持適當的距離

在土耳其，傳統宗教信仰和現代普世文明相互融會，於當地形成兩大鮮明的生活文化，其中，特別是在男女互動的禮節上，前者倡導男女之間應保持適當且禮貌的距離，避免造成任一性別的不適和困擾，後者注重異性的來往應維持著友愛和尊重，才是現代公民的文明表現。

熱情好客的獨特性格

土耳其人性格直接、熱情大方，無論是想要分享一個想法、表達情感，還是進行某項行動，他們都能毫不猶豫地直接表達出來；除了這份直率，他們的幽默感彷彿是與生俱來，結合他們熱愛社交的本性，使得土耳其人在世界各地都以熱情好客的形象而聞名。

充滿個人魅力與自信

在土耳其，不分年齡和性別，每個人身上都散發著一種難以忽視的自信氣息；這份自信，部分源自於他們對個人形象的高度重視。土耳其人非常注重整潔和著裝，他們相信透過精心的打扮，不僅能展現自己的個性和品味，也是尊重他人和場合的一種表現。

1.在生活中尋找浪漫／2.土耳其人喜歡打扮

天性樂觀，享受當下

　　土耳其人有著樂天的基因，他們習慣從每一件事情的好面向出發，堅信無論面對什麼困難和挑戰，最終都會迎來一個美好的轉機；這種令人印象深刻的樂觀，使他們生活中不過度憂慮未來可能發生的不確定性，進而選擇專注於享受當下的每一刻。

重視社會共同價值觀

　　土耳其社會深受其文化傳統的影響，居民普遍對其抱持著深厚的尊重與維護之心，例如：在這片土地上，家庭關係被視為生活的核心，濃厚的家庭觀念貫穿於日常生活的每一個層面；而愛國之心同樣根深蒂固，是驅動土耳其人民團結一心的重要力量，因此，來到土耳其千萬不可對土耳其國旗和土耳其國父肖像有任何不敬之舉喔！

1.向女孩賣花的婦女／2.生活中隨處可見土耳其國旗／3.享受美景和休閒的土耳其人

Tips　避免與陌生異性過度親近

　　鑑於過往案例，特別提醒來到土耳其的旅人們：

　　切勿輕信初次見面的陌生人，若在觀光地區遇到少數人展現出過度熱情、親近或不適當的言語和行為；請謹記，與「陌生異性」擁抱或親吻並非土耳其當地文化，這些行為亦不受土耳其社會的認可及接受，遇到這類情況時，不應想像成「或許這是他們的文化」而勉強接受，相反地，感到不愉快，旅人應堅定且明確地拒絕，甚至遵循當地人給予警告並直接離開現場的作法，以確保自身的安全與財物。

　　根據我在土耳其的生活經驗，以及參考當地人的作法：禮貌是留給值得信任的人的！

探索星月國度　土耳其人的民族性

土耳其人的日常文化

彼此交流的早餐聚會

土耳其人對早餐的重視可謂無可辯駁，他們將早餐視為一天中最重要的一餐，並認為它為身體提供了一天開始所需的能量和營養。傳統的土耳其早餐通常豐富多樣，從新鮮的蔬菜、雞蛋、乳製品、堅果、果醬、到肉類，搭配著各式各樣的麵包與餅類，應有盡有。

然而，現代人生活繁忙，平常難以抽出時間來準備一頓傳統土耳其早餐，因此，多數學生族群、上班族會選擇到咖啡館和早餐店購買外帶餐食，或者直接前往公司提供的餐廳享用美味的早餐，開啟全新的一天！

此外，土耳其人也相當喜歡在週末早晨舉辦早餐聚會，無論是在家中或者餐廳，邊享用早餐，邊閒聊生活趣事，一頓早餐吃超過3小時也十分稀鬆平常呢！

1.小巧的雙人早餐套餐／2.連鎖店MADO的早餐別具風格／3.旅途上享用家庭式早餐

喜愛喝紅茶與咖啡

　　土耳其人的日常生活少不了紅茶的陪伴，從清晨的第一杯開始，一直延續到晚間，喝茶的習慣貫穿於整個日常，喝個5～10杯紅茶是土耳其人的生活常態。除了紅茶外，土耳其的咖啡文化同樣深受人們的喜愛，尤其是在餐後來一杯香氣濃郁、風味獨特的土耳其咖啡，品嘗苦澀間帶點微酸，讓人在疲憊中得到放鬆和愉悅，是許多當地人度過一天的必需品，有些店家還會提供「咖啡算命」，預知你近期的運勢，非常有趣！

友人間的打招呼方式

　　當兩位熟識的土耳其人相遇時，他們會輕輕碰觸對方的左右臉頰，並重複動作兩三回，甚至伴隨著親吻的聲音，以表達彼此間的親近和友好；更為親密的家人或朋友，他們甚至會相互擁抱。其中，對於擁有虔誠信仰的土耳其人而言，他們會選擇對異性保持特定距離，並且避免任何肢體上的接觸；在這種情況下，握手可能會被省略，並以莊重的點頭及微笑表示尊重。如果遇到避免和你握手的異性，那絕對不是他不禮貌喔！

慷慨大方的接客之道

　　土耳其人以他們的好客精神而聞名，對土耳其人來說，相聚於家中，分享一杯茶、一些甜點，並且輕鬆地聊聊天，是最為愉快的時刻，拉近人與人之間的距離，也豐富了彼此的生活。有時，土耳其人甚至會邀請客人在家中留宿一晚，免去了客人在夜間趕路回家的困擾。

　　此外，由於時常接待客人，土耳其人家中的客廳通常既寬敞又舒適，並且十分注重空間的整潔和美化，只希望能讓客人感受到無比的溫馨和舒適。

1.土耳其人一天會喝好幾杯土耳其紅茶／2.不同熟識程度的人之間，有不同的打招呼方式／3.享受美景和休閒的土耳其人

建築風情

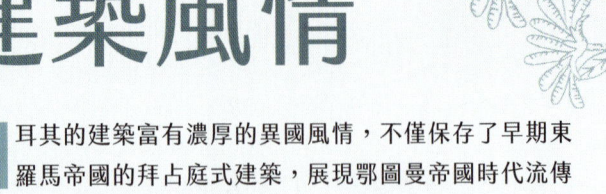

土耳其的建築富有濃厚的異國風情，不僅保存了早期東羅馬帝國的拜占庭式建築，展現鄂圖曼帝國時代流傳下來的伊斯蘭藝術及鄂圖曼式建築，也融合後期與歐洲頻繁交流而引入的新哥德式和新巴洛克式建築。

拜占庭式建築

西元4～15世紀東羅馬帝國時代的建築風格，以古羅馬巴西利卡式(Basilica)建築為基礎，融合波斯、兩河流域一帶的東方藝術元素，主要特色為立方體建築、圓形穹頂、華麗柱頭以及金色調鑲嵌壁畫，對東歐和中東的建築產生深遠的影響。

著名例子：聖索菲亞大教堂(現聖索菲亞清真寺(Ayasofya Camii))、聖伊蓮娜教堂(Aya İrini)。

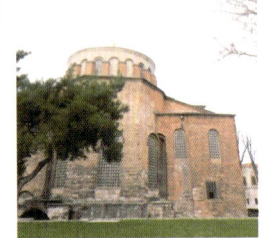

▲聖伊蓮娜教堂

▲聖索菲亞大教堂

巴洛克式建築

流行於西元19世紀中葉，保留了華麗的巴洛克式建築精華，在設計與色彩上以更簡約、優雅的形式呈現建築的美感。

當時的蘇丹是接受歐式教育並且主張進行改革的阿卜杜勒‧邁吉德一世(I. Abdülmecid)，他下令建造的清真寺和宮殿皆為新巴洛克式建築，由於伊斯蘭教主張簡約不鋪張，這種風格簡約之中帶有輕微華麗，既能被當時的穆斯林接受，也能顯現蘇丹的時代輝煌，是宗教文化與建築藝術融合的典範之一。

著名例子：歐塔寇伊清真寺(Ortaköy Camii)和柯徹克蘇宮(Küçüksu Kasrı)。

▲柯徹克蘇宮

鄂圖曼式建築

西元15世紀以來流行於鄂圖曼帝國的建築風格，它深受拜占庭式建築的影響，融合波斯建築風格，除了有圓形穹頂、改良後的裝飾柱頭、伊斯蘭風格的書法及繪畫之外，更是注重建築物本體的對稱與室內外設計的和諧一致，最有名的鄂圖曼式建築師為帝國首席建築師錫南(Mimar Sinan)。

著名例子：蘇萊曼尼耶清真寺(Süleymaniye Camii)、蘇丹艾哈邁德清真寺(又作藍色清真寺Sultanahmet Camii)和恰姆勒賈清真寺(Çamlıca Camii)。

▲恰姆勒賈清真寺

▲鄂圖曼帝國御用建築師錫南與他建造的塞利米耶清真寺(Selimiye Camii)

新哥德式建築

流行於西元18～19世紀，為哥德式建築復興運動下促成的一種建築風格，強調建築本體高聳及神祕的形象，主要特色為尖肋拱頂、扶壁和彩色花窗玻璃，土耳其許多教堂都採用此種風格，直到後來的新巴洛克式建築興起為止。

著名例子：帕多瓦聖安東尼教堂(St. Antuan Katolik Kilisesi)和保加利亞聖斯德望堂(Sveti Stefan Kilisesi)。

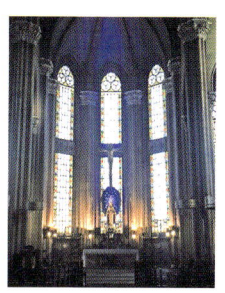

▲帕多瓦聖安東尼教堂

Tips　傳統的土耳其建築

除了以上這些風格顯著的著名建築物之外，土耳其當地的傳統建築、巴扎、土耳其浴澡堂以及古代驛站等，也都是非常值得一看的特色建築喔！

探索星月國度　建築風情

藝術文化

數百年來,土耳其人在安納托利亞這片土地上,融合生活經驗與宗教文化,發展出豐富且獨特的藝術文化。來到土耳其,不妨放慢腳步,欣賞一下當地前人的智慧和創意吧!

手工編織品

土耳其傳統家庭結構以男女分工為主要型態,男性通常負責維持家中經濟,女性則負責打理大小家務;在這樣的分工模式下,手工編織成了土耳其傳統婦女們生活的一部分;衣物、裝飾和地毯的製作,悄悄地編織著傳統婦女們的生活日常。

或許這些手作用品看似不具實際的經濟收入,但它具備極高的文化傳承價值,是家庭生活中不可或缺的一部分,更是土耳其文化的鮮活體現。

居家裝飾

土耳其人非常重視居家環境的整潔及美觀,而編織品在其中扮演著極為重要的角色,最常見的編織品包括:桌墊、椅墊、窗簾、枕頭套和被單,為居家環境增添了色彩和美感,營造出溫馨、舒適和美好的生活氛圍。

▲土耳其傳統桌墊

飾品與衣物

傳統婦女會為家庭成員編織各式各樣的飾品與衣物,這為他們平凡的生活帶來不少滿足和喜悅,例如:婆婆會贈予兒媳她親手做的編織品,作為關愛和祝福;祖母會為孫子編織保暖衣物,充滿親情和溫暖。

▲色彩鮮豔、樣式多變的頭巾　　▲民族風格的抱枕套

地毯

西元13世紀，來到東方旅遊的馬可波羅曾感嘆地寫下：「世界上最好最漂亮的地毯只能在土耳其找到。」而這句話在今日仍然通用，土耳其地毯擁有高度的藝術欣賞價值，反映出土耳其人對於美的追求和對傳統工藝的熱愛，地毯成為了當地居家裝飾中的珍貴藏品。

▲對土耳其人來說，地毯不只是生活用品，也是一種藝術

銅製器具

自鄂圖曼帝國時代，土耳其人便將銅運用在日常生活之中，其中最常見的是廚房器具，包括著名的咖啡壺和餐具這些土耳其傳統飲食文化中的代表物品；它們不僅實用，而且充滿著藝術美感，為用餐增添了不少樂趣，演繹著當地的歷史、文化和生活情懷。

▲工匠在店外製作、修理銅器用品

水拓畫

水拓畫是一種迷人的藝術形式，通過在水中作畫，再將畫拓染於紙上，創造出繽紛多彩的畫作，有如舞動在靜謐湖水中的美人，令人目不轉睛。相傳，水拓畫起源於西元10世紀的中亞地區，後來傳入了鄂圖曼土耳其帝國，在這塊土地上開花結果，最終成了土耳其的國寶藝術。

2014年，水拓畫被列入聯合國教科文組織非物質文化遺產名錄，吸引了許多來自世界各地對藝術深感興趣的人士，慕名前來土耳其學習這項藝術。

▲土耳其女孩學習國寶藝術水拓畫

探索星月國度 ｜ 藝術文化

伊茲尼克陶瓷

起源於西元8世紀，盛行於西元15～16世紀的鄂圖曼帝國，它以出產這類風格別緻，素有「土耳其景德鎮」的陶瓷重鎮伊茲尼克（İznik）為命名。在鄂圖曼帝國的鼎盛時期，伊茲尼克磁磚被視為極為珍貴的禮物，蘇丹經常將它贈予外國使者，亦是帝國首席建築師錫南裝飾清真寺和宮殿的主要材料來源。

在現代，它是許多當地設計師和製造商的靈感來源，在居家用品、服裝及珠寶領域得到非常廣泛的應用，成為質感和奢華生活的象徵之一。

▲伊茲尼克磁磚廣泛應用於生活中，讓生活也能處處是藝術

伊斯蘭書法

起源於伊斯蘭教出現後的阿拉伯帝國，它以阿拉伯文字書寫，主要用於抄寫《古蘭經》。傳入鄂圖曼帝國後，由於蘇丹對伊斯蘭書法的高度重視，這項藝術得到了更進一步的精進和發揚，對此民間有個說法：「《古蘭經》始於阿拉伯，吟誦於埃及，書寫於土耳其。」反映土耳其在伊斯蘭書法藝術上的重要地位。

伊斯蘭書法最常見的應用場合是清真寺和一般家庭的牆面上，除了優美的裝飾效果外，它還具有一種類似「靜思語」的功能，蘊含著深厚的宗教意義和文化內涵，時刻提醒著穆斯林對伊斯蘭教信仰的價值觀。

▲用伊斯蘭書法為牆面做裝飾的香料市集

Take a Break

藝術與古董市集

土耳其的藝術文化有興趣的旅人，千萬別錯過伊斯坦堡當地的藝術和古董市集，像是：費里寇伊 (Feriköy Antika Pazarı)、巴拉特古董拍賣店 (Fener Antik Mezat)、卡德寇伊 (Kadıköy Antika Pazarı) 等地的市集。在這些市集中漫步，不僅可以尋找到獨一無二的寶物，還可以與當地人交流，了解他們的生活和文化，令人沉浸其中、流連忘返。每個藝術古董市集的營業日皆不同，出發前請於 Google 地圖上詳細查閱。

古董市集地圖

■ 費里寇伊古董市集

■ 巴拉特古董拍賣店

卡德寇伊古董市集 ■

宗教信仰

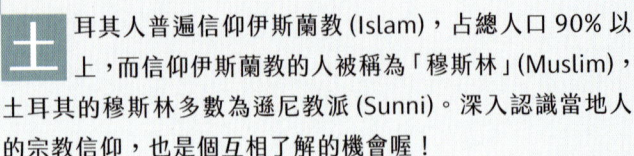

土耳其人普遍信仰伊斯蘭教 (Islam)，占總人口 90% 以上，而信仰伊斯蘭教的人被稱為「穆斯林」(Muslim)，土耳其的穆斯林多數為遜尼教派 (Sunni)。深入認識當地人的宗教信仰，也是個互相了解的機會喔！

認識伊斯蘭教

伊斯蘭教是世界三大宗教之一，為一神信仰。穆斯林信仰獨一至上的真主安拉，相信先知穆罕默德是安拉派遣眾多使者，例如：易卜拉欣(亞伯拉罕)、穆薩(摩西)、爾薩(耶穌)中的最後一位，並以《古蘭經》和《聖訓集》作為信仰指南。

其中，安拉(Allah)一詞為阿拉伯語中「造物主」之意，翻譯成英文等同於God(上帝)，也因此穆斯林普遍認為他們所信仰的就是基督徒所說的「耶和華」，而非世人經常誤解的某位名叫「安拉」的神祇。

想要瞭解伊斯蘭教，可以從穆斯林須基本遵循的六大信與五大功開始，六大信分別為：信真主、信天使、信經典、信先知、信前定、信末日；五大功分別為：念、禮、齋、課、朝。

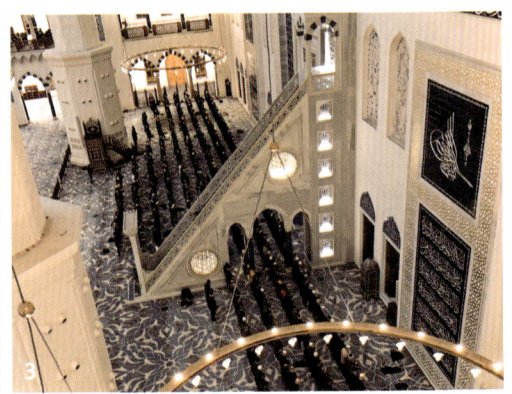

伊斯蘭教深入穆斯林的日常生活，從飲食、穿著、金融至社會福利各方面皆有相關的規範，以確保穆斯林人人都能在公平與正的情況下，享有完善與美好的物質及精神生活。

1.一名正在做禮拜的穆斯林男性／2.布爾薩大清真寺內一景／3.拉瑪丹月，也就是齋戒月期間的泰拉威拜(Tarawih)／4.參觀清真寺，請務必遵守著裝規範

Tips 與穆斯林交流小提醒

土耳其當地穆斯林都是非常友善的，若想與他們交流，不需要太擔心有什麼規範、自己是否會做錯等。只須謹記避免與異性穆斯林有肢體接觸，在談論他們的宗教時，避免使用不當的偏激字眼，也請勿贈送含有酒精及豬肉相關食品給他們，彼此互相尊重，就是建立友誼最好的開始！

▲欣賞清真寺的當地人

How to 如何參觀清真寺

在土耳其旅遊，一定會進入清真寺內參觀，因此，入境隨俗，遵守相關的規範及避免打擾正在禮拜中的穆斯林格外重要。謹記以下流程，保證不會出錯：

1 檢查服裝是否合宜

不論男性或女性，進到清真寺內穿著都必須莊重，因此，在進入清真寺前，先查看自身穿著是否符合相關規範，若不合規範，可到寺外旁的服務處領取頭巾和遮布。

2 由觀光客入口處進入

著名的清真寺通常會有兩個入口，一個是給需要做禮拜的穆斯林的專屬入口，另一個是接待觀光客的一般入口；請仔細查看入口方向，避免走錯地方。一般清真寺僅有一個入口，觀光客在服裝合宜的情況下，是可以自由入內參觀的。

3 保持肅靜、不嘻鬧

在清真寺內勿大聲喧嘩、嘻鬧或者奔跑，這些都是對穆斯林和他們信仰不尊重的行為，應當避免這類情形發生。

▲無論大人或小孩，在清真寺裡都要輕聲細語

探索星月國度｜宗教信仰

特色美食

來到土耳其,一定不能錯過被譽為「世界三大菜系之一」的土耳其料理!土耳其料理之所以名揚四海,其獨特魅力源自於豐富的歷史與文化薈萃,這一切的起點可以追溯至鄂圖曼帝國的興盛時期。

飲食文化

土耳其人表示,他們的祖先突厥人原是遊牧民族,從千年前的中亞逐漸遷移到了安納托利亞高原,並且在此落地生根;在漫長的遷移過程中,他們將突厥人原始而純樸的烹調方式帶至安納托利亞,後來隨著鄂圖曼帝國的崛起,其版圖橫跨至亞、歐及非三大洲,土耳其料理便開始吸收並融合了各地的美食文化精髓,逐步形成了一種「草原遇見海洋」的獨特飲食文化。

最後,在鄂圖曼御廚的精心研究下,土耳其料理日益豐富多樣,隨著時間演進,這些曾屬於皇宮的祕製食譜逐漸流傳至民間,孕育出了風味獨特的「土耳其料理」。簡單而言,土耳其料理融合了中亞、中東和地中海的飲食,忠實地呈現出食材的自然風味,並且善用橄欖油、各式香料和優格增添料理的層次。

其料理重點在於肉類、豆類和蔬菜,更有趣的是,土耳其人餐餐必吃麵包,可以說是「無麵包而不歡」呢!此外,他們還喜歡在餐後來一份甜品,再搭配一杯土耳其紅茶或咖啡,跟著這樣吃,絕對是最道地的吃法!

▲土耳其美味烤肉盤、傳統家常菜和豐盛的早餐

早餐 Kahvaltı

早餐在土耳其文化中占有至高無上的地位，被視為迎接全新一天的象徵，它不僅是一頓餐食，更是一種生活文化；土耳其人深信，一天之計在於晨，而一頓豐富的早餐才能完美詮釋早晨之重要性，實踐早餐的意義。

在土耳其，早餐是一場視覺與味覺的盛宴。餐桌上總會擺滿各式各樣的食物：新鮮的蔬果為餐桌增添了生機，各種起司給予豐富的口感，傳統的雞蛋料理如土耳其版番茄炒蛋(Menemen)則十足地溫暖人心，烤得金黃酥脆的各種酥餅或者著名的土耳其芝麻圈餅(Simit)香氣撲鼻，搭配自家製的果醬和蜂蜜，甜美中帶有自然的清新，這一切都是當地早餐中不可或缺的，再搭配一杯以鬱金香玻璃杯盛裝的熱紅茶，完美地總結了豐盛的土耳其早餐裡的每一個細節。

土耳其的早餐不僅是飲食的滿足，它是一種生活的態度，一種享受當下、感恩生活的方式。在這個特別的時刻，人們喜歡與家人、朋友相聚一堂，分享食物的同時也分享著彼此的故事與歡笑，將愛和溫暖在陽光灑落的早晨中，傳遞給身邊的每一個人。

▲在朋友家的陽台上，一同享用早餐

▲土耳其餐廳的雙人早餐套餐

Take a Break

在地推薦的連鎖簡餐店

在探索土耳其的巷弄中，品嘗道地的土耳其早餐是一項不可錯過的旅行體驗，若想尋求更為便捷且同樣充滿當地風情的店家，萊拉推薦 MADO 和 Simit Sarayı 這兩家最為常見的土耳其連鎖簡餐店，它們不僅在土耳其本土深受歡迎，也在全球範圍內擁有分店，提供給顧客一致的優質體驗。

MADO
mado.com.tr｜餐點平均新台幣150～300元

Simit Sarayı
www.simitsarayi.com｜餐點平均新台幣50～200元

麵食類

土耳其人以麵包、薄餅為主食，餐桌上一定有它們的蹤影。隨著歷史的沉澱和文化的交融，土耳其人將傳統麵食演繹成多樣化的美味佳肴，例如：「土耳其水酥餅」、「土耳其披薩」以及「土耳其餃子」等，充滿對食物的熱情和創新。

麵包類平均價位約新台幣20～50元，酥餅、披薩平均價位約新台幣75～200元，餃子每份平均價位約新台幣100～250元之間。

芝麻圈麵包 Simit
街頭國民美食之一，常出現在早餐，亦可見於路邊販賣。

土耳其人會在餃子上淋滿優格，也會加入蒜泥的人增添風味！有專賣餃子的餐廳，販賣多樣美食料理的簡餐廳也會提供餃子餐點，想品嘗道地餃子建議前往餃子專賣餐廳。

土耳其餃子 Mantı

薄皮披薩 Lahmacun
附贈生菜沙拉，當地人會把生菜沙拉放在薄皮披薩上，捲成長條狀一起吃。

厚餅披薩 Pide
口味多變，常見的有雞蛋、火腿、牛肉末和蔬食。

土耳其水酥餅 Su Böreği
有起司、牛肉末和菠菜3種口味，口感特別，來土耳其一定要嘗鮮。

夾餡麵包 Poğaça
有馬鈴薯、起司和牛肉末3種內餡，其中以牛肉末口味最為搶手。

長形白麵包 Ekmek
土耳其最常見的麵包，在餐廳為免費的附贈餐點。

餐前菜與沙拉
Meze/Salata

土耳其的餐前菜與沙拉種類變化豐富，數量可多達50道以上，可以說是土耳其人運用豆類和蔬菜「玩」出來的美食，營造出食物美味的口感和獨特的風味。餐前菜和沙拉部分餐廳免費，部分餐廳收費，每盤價位約介於新台幣50～100元之間。

小黃瓜優格湯 Cacık
由切細的小黃瓜片、優格、蒜泥，加入鹽和磨碎的乾燥薄荷拌製而成。

牧羊人沙拉 Çoban Salatası
由洋蔥、小黃瓜、番茄、青辣椒，加入橄欖油、鹽、檸檬汁拌製而成。

蔬食辣醬泥 Acılı Ezme
由番茄、青辣椒、洋蔥、大蒜，加入少許香料和石榴醋拌製而成。

生肉丸 Çiğ Köfte
由細布格麥、洋蔥、大蒜、番茄醬、紅椒醬，加入油、鹽、紅椒粉、辣椒粉捏製而成。

季節沙拉 Mevsim Salata
挑選當季蔬菜，搭配成最新鮮美味的沙拉。

葡萄葉捲飯 Yaprak Sarma
土耳其料理中的一道經典家常菜肴，同時也廣泛流行於地中海和中東地區，口感清爽，帶有葡萄葉的獨特香氣，可單獨食用或搭配橄欖油、檸檬汁等調味。

青椒鑲飯 Biber Dolması
以青椒為主要原料，搭配米飯、番茄和各種香料進行調製，並將其填充在挖籽後的青椒內予以蒸煮，當地人喜歡淋上優格一起享用。

探索星月國度　特色美食

55

湯品 Çorba

土耳其的湯品種類豐富，涵蓋了豆類、肉類到優格和蔬菜等各式食材，為每一口湯增添更多的口感和營養，而以麵包作為主食的土耳其人則習慣藉由湯品暖胃。

特別的是，當地人十分重視食材的新鮮程度，因此湯品還包括「當季湯品」，例如在寒冷的季節裡格外受到歡迎的羊頭蹄湯和羊肚湯；由於這種湯以動物內臟製作而成，為求食材新鮮，往往只有冬天會推出，夏天大部分餐廳是暫停販售的喔！

湯品價位因食材差別而有所差異，基本湯類約新台幣80元上下，加入羊肉的冬季限定湯品約新台幣200元，價格可能因為餐廳的知名程度而再提高。

新娘湯 Ezogelin Çorbası
傳統土耳其婚宴中的必備湯品，主要食材為紅扁豆，也是當地餐廳菜單上的基本湯類。

雞肉絲湯 Tavuk Suyu
土耳其湯品的選擇多為濃湯，有一說是濃的才是湯，不濃則為水，因此，習慣喝清淡湯類的人，若不習慣濃湯，可以嘗試看看這道湯品！

扁豆湯 Mercimek Çorbası
以黃扁豆熬煮而成，口感清新，是很好的開胃湯類，是土耳其餐廳裡的基本湯類。

番茄湯 Domates Çorbası
番茄是土耳其料理中最常用的食材之一，當地人熱愛番茄湯，會加上香氣濃郁的起司，使其融化在熱濃湯中，非常美味！

高原湯 Yayla Çorbası
由優格、米飯和薄荷熬煮而成，介於清湯和濃湯之間，是頗具草原特色的土耳其湯品，美味程度依個人喜好而定。

羊頭蹄湯
Kelle Paça Çorbası

由羊頭肉和羊蹄肉熬煮而成，腥味稍重，在土耳其喜好兩極，被視為冬季限定的營養湯品，可依個人偏好加入葡萄醋和蒜泥調味。

安泰普辣味羊肉湯
Beyran Çorbası

熱羊骨湯淋在盛有米飯、羊肉和紅椒粉的碗裡，整碗紅通通的，是「亞洲胃」一定會喜歡！若較無法接受羊肉味道，建議加入多一些的葡萄醋和大量蒜泥。

羊肚湯
İşkembe Çorbası

由羊肚熬煮而成，口感特殊，為土耳其知名的冬季限定湯品，可依個人偏好加入葡萄醋和蒜泥調味。

Take a Break

隱藏版冬季限定湯品

想要深入體驗土耳其的冬季限定湯品，細節上的挑選變得尤為重要，因為並非任意一家餐廳都會提供，且品質差異甚大，建議透過 Google 地圖搜尋特定湯品名稱，並查看評分和評論再決定前往，這不僅可以避開口味平庸的餐廳，還能發現那些真正被當地人所喜愛的隱藏寶藏。

另一個小技巧：搜尋後，店名上若出現加濟安泰普 (Gaziantep) 這個城市名，大多可放心前往，並品嘗更多來自這個素有「土耳其廚房」之稱的經典美食！加濟安泰普是土耳其聞名遐邇的美食城市，也是土耳其料理多樣性和深度的象徵，從經典的烤肉到精緻的甜點，再到各式各樣的湯品，都能在這裡找到最頂尖的呈現。

探索星月國度 特色美食

主餐
Ana Yemekler

土耳其料理的主餐，主要以肉類、豆類等食材最為常見，成為這一飲食文化的基石，其中，香料的運用更是藝術般地提升了土耳其菜的層次，激發了食客的味蕾。在土耳其，製作一道主菜考驗的不只是烹飪技巧，還有廚師對於傳統佳餚的創新能力。

主餐價位大約介於新台幣250～500元之間。

阿達納烤肉 Adana Kebap ｜ 烏爾法烤肉 Urfa Kebap

土耳其最著名的烤肉美食之一，源自土耳其南部的阿達納省，這道菜以辛辣香料聞名，主要使用手剁的牛羊混合肉末，加入紅椒粉混合後，串在細長的鐵條上，以炭火烤至外焦內嫩，通常搭配伴隨生洋蔥、香菜和烤紅甜椒、青辣椒、番茄，搭配薄餅一同享用。烏爾法烤肉則是來自土耳其東南部烏爾法省的著名烤肉，外觀和阿達納烤肉相似，但吃起來不辣，是懼辣人士的好選擇。

阿里納茲克烤肉 Alinazik Kebap

來自土耳其東南部加濟安泰普省(Gaziantep)的經典烤肉之一，起源於西元16世紀，是蘇丹塞利姆一世(I. Selim)巡訪加濟安泰普時，當地民眾做成用來歡迎蘇丹的一道佳餚。主要以香料醃製羊肉、綿密的烤茄子泥，混合濃郁的優格和蒜末製作而成，再灑上紅椒粉或熱辣椒油，就是一道色澤誘人、口感豐富的道地阿里納茲克烤肉。以土耳其料理而言，阿里納茲克烤肉絕對屬於其中的「創意料理」！

探索星月國度 ─ 特色美食

貝提烤肉
Beyti Kebap

得名於西元1960年代的伊斯坦堡，由著名餐廳老闆貝提‧居雷(Beyti Güler)參考異國料理所製成的一道創意烤肉，其以薄餅裹捲醃製過的牛、羊肉，烤熟後淋上濃郁的番茄醬汁，可搭配優格一起享用，在土耳其烤肉中是非常特別的一道料理。

旋轉烤肉
Et Döner

土耳其享譽全世界，最具代表性的美食之一，又名「沙威瑪」，通常採用牛肉、羊肉或雞肉於直立且旋轉的烤架上烘烤，再以長刀十分考驗功夫地薄薄削下，加入生菜、番茄、洋蔥和各式香料，搭配薄餅、麵包、布格飯或白飯等多種主食。

烤牛／羊／雞肉串
Et/Kuzu/Tavuk Şiş

建議搭配深具土耳其特色的鹹優酪乳(Ayran)，用微酸的風味平衡烤肉的油膩感，是當地人常見的搭配方式，以達到口感上的完美平衡。

亞歷山大烤肉
İskender

其歷史可追溯至西元19世紀，由來自土耳其西北部布爾薩省(Bursa)的廚師亞歷山大(İskender Efendi)發明的一道烤肉料理。它的製作方法相當獨特：在盤上鋪滿小塊的窯烤麵包，將旋轉烤肉薄薄平鋪於其上，接著，淋上番茄醬汁和奶油後，搭配優格一起享用。

59

烤牛肉丸(Izgara Köfte)由牛絞肉混合香料調味後，捏製成各種形狀，並在燒烤架上烤至外酥內嫩，香氣撲鼻、口感細膩，適合搭配鹹優酪乳(Ayran)。另外，包裹著濃郁起司的烤起司牛肉丸(Kaşarlı Köfte)，也是非常受當地人喜愛的食物喔！

肉丸 Köfte

Take a Break

同種料理不同吃法

以上的烤肉、肉丸料理除了搭配薄餅、麵包、布格飯或白飯，還可以做成捲餅料理。餐廳的菜單上通常會有捲餅(Dürüm)分類，常見的有：阿達納捲餅(Adana Dürüm)、烏爾法捲餅(Urfa Dürüm)、沙威瑪捲餅(Dürüm Döner)、塊狀牛/羊/雞肉捲餅(Et/Kuzu/Tavuk Şiş Dürüm)和烤牛肉丸捲餅(Izgara Köfte Dürüm)。

家常料理

要深入了解土耳其人的日常飲食文化，絕不能只吃一般餐廳的烤肉大餐，而錯過他們的家常菜。土耳其家常料理以豆類、肉類、蔬菜為基礎，採用燉煮的烹飪手法，與各式香料美妙結合，讓人品嘗出「家」的好味道！對比烤肉大餐，當地的學生和上班族更喜歡到家常菜餐廳用餐，價格較為實惠，氣氛也更加平易溫馨。

家常料理每一盤的價位大約介於新台幣100～200元之間。

▲家常料理餐廳的菜色更多元更豐富

How to 家常料理餐廳點餐方式

1 自助式點餐
餐廳裡陳列著豐富的菜餚，採自助式點餐，語言不通則以手指菜餚，輕鬆完成點餐！

2 以盤數計算
土耳其家常菜餐廳以「盤數」計算，點一種菜即等於點一盤。點餐時請多加斟酌分量，以免造成不必要的浪費喔。

3 先付款後用餐
餐廳採用先付款、後用餐的模式，和台灣的自助餐十分相像。

▲最貼近當地人日常的土耳其菜色

在地小吃

探索土耳其，除了沉浸在豐富多彩的文化與歷史，也是一場味蕾的冒險之旅。熙熙攘攘街頭巷尾，總有一些當地人才熟知的區域特色佳肴、隱藏版美食，甚至是暗黑料理美食，一起深入土耳其飲食最真實的一頁吧！

特色美食價位範圍大，可依照餐廳的所在地區、知名程度有所異同，新台幣100～300元之間屬於正常價格，其中，陶罐料理可達新台幣500元。

陶罐料理 Testi Kebabı

盛行於卡帕多奇亞地區，其中以製陶小鎮阿瓦諾斯(Avanos)當地的最為著名。它是一種以陶罐火烤、燜煮食物的料理方式，以牛肉和羊肉最常見，也可以選綜合(Karışık)把所有肉類一網打盡！上桌後待服務生敲碎陶罐，就可品嘗香噴噴的陶罐料理囉！

烤馬鈴薯 Kumpir

長久以來風靡街頭的平民美食烤馬鈴薯，在土耳其也有著相當的高人氣，自選3～5種配料，就能搭配出美味又豐富的內料囉！

烤羊腸 Kokoreç

土耳其人也是吃內臟的民族，除了羊肚湯以外，還有一種叫做Kokoreç的暗黑美食，中文翻作「烤羊腸」。它的店面並不難找，只要看見類似「橫烤沙威瑪」的攤販，就可以吃到這道美味，只是烤的不是沙威瑪，而是羊腸。味道很重嗎？其實很考驗店家的處理能力和烘烤功夫，買一份來享用之前，多看網路評價準沒錯！

炸牛肝 Edirne Ciğeri

Ciğer在土耳其語中意指「肝臟」，但從飲食的角度解釋，它指的是一種特定的肝臟料理。牛肝有多種不同的烹調方式，其中最為推薦的莫過於來自土耳其邊境省分埃迪爾內(Edirne)的炸牛肝，外酥內軟，搭配生洋蔥沙拉，無論任何季節都是痛快的美味！

甜點 Tatlı

土耳其甜點種類的多元，源自於當地人對甜點有著難以抗拒的熱愛，那無與倫比的甜蜜滋味對他們而言，宛如一扇幸福之門，但是可別以為他們吃的甜食甜度適中，其實土耳其甜點經常被有趣地稱為「螞蟻甜」，究竟甜到什麼樣的程度，大概只有嘗過土耳其甜點的人才能理解了！甜點平均價位介於新台幣60～200元之間。

土耳其冰淇淋 Dondurma

世界知名的土耳其冰淇淋，最有名的是來自卡赫拉曼馬拉什省(Kahramanmaraş)的馬拉什冰淇淋(Maraş Dondurması)，它是以羊奶、蜂蜜，加入使其具有黏性的蘭莖粉製作而成，這也是無論在哪，土耳其冰淇淋老闆總是能隨心所欲地「耍人」的祕密！

小麥粉哈爾瓦 İrmik Helvası

常見於海鮮餐廳的菜單上，主要由小麥粉和牛奶製作而成，口感細緻綿密，經常搭配土耳其冰淇淋一同享用。

爆漿酥餅 Katmer

土耳其的傳統早餐甜點，由酥脆的餅皮包裹著濃郁的開心果和奶油。沒錯，尤其在南部城市加濟安泰普一帶，吃完早餐後，當地人還會加點一份Katmer搭配牛奶，為這頓早餐劃下完美的句點。

庫內菲 Künefe

在淋有風味糖漿且攪拌後的奶油上，鋪滿土耳其薄短麵條和濃郁起司，壓平後烤至金黃酥脆，適合搭配土耳其冰淇淋或牛奶一起食用。

穆哈列比 Muhallebi

土耳其的傳統牛奶甜點，主要以麵粉或米製粉製成，口感軟滑，有多種口味選擇：原味(Sade)、巧克力(Çikolata)、草莓(Çilek)和香草(Vanilya)，常見於當地人的家庭聚餐或節日慶典中。

雞胸布丁
Tavuk Göğsü

是非常具有特色的土耳其甜點,以雞胸肉、米製粉、玉米澱粉、牛奶等材料煮製而成,甜度較低,口感綿密且味道獨特,十分有趣,值得品嘗一番!

細麥穆哈列比

米布丁
Sütlaç

土耳其的傳統布丁甜點,主要由米和牛奶於烘烤後製成,甜度較其他甜點低,是深受各地旅人歡迎的一道甜點。

椰粉穆哈列比

果仁蜜餅
Baklava

土耳其眾多甜點中的焦點,以出產自加濟安泰普省(Gaziantep)的最為出名,主打口味為開心果(Antep Fıstığı),也有核桃(Ceviz)口味可選擇。

Tips　品嘗甜點先喝一杯紅茶

土耳其甜點的甜度之高,在品嘗前建議點一杯不加糖的熱紅茶,平衡甜點帶來的甜膩口感。一杯道地的土耳其咖啡也是當地人的選擇之一,但不一定每位旅人都能接受它微酸的苦澀滋味。

探索星月國度　特色美食

63

飲品 İçecek

土耳其的飲品歷史悠久，最知名的非土耳其紅茶和咖啡莫屬，可其實，當地還有許多特色飲品，到土耳其旅遊一定要試試！飲品平均價位介於新台幣30～100元之間。

土耳其紅茶 Çay

土耳其咖啡 Türk Kahvesi

鹹優酪乳 Ayran

土耳其傳統飲品，由優格、水和鹽混合而成，經常用以搭配烤肉料理。

氣泡水 Soda

常見的氣泡水，有原味和各種水果口味。

蘭莖肉桂奶飲 Salep

土耳其傳統冬季飲品，由蘭莖粉與牛奶或羊奶製作而成，散發出香濃奶香，當地人習慣撒上肉桂粉(Tarçın)增添風味，也可不加。

豆知識：土耳其咖啡館文化

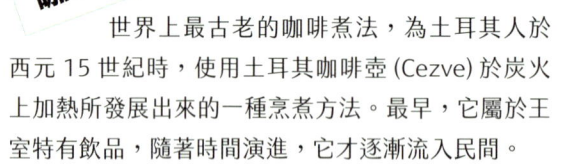

世界上最古老的咖啡煮法，為土耳其人於西元15世紀時，使用土耳其咖啡壺(Cezve)於炭火上加熱所發展出來的一種烹煮方法。最早，它屬於王室特有飲品，隨著時間演進，它才逐漸流入民間。

有趣的是，現今風行全世界的咖啡館文化，其實也起源於鄂圖曼帝國時代，全世界公認的第一間咖啡館是位在今日土耳其伊斯坦堡，很可惜已歇業的Kiva Han，開業於西元1475年，為當時學者和仕紳的社交場所，後來在發達的商業貿易之影響下，將咖啡及咖啡館文化遠播至歐洲各地。

水果 Meyve

土耳其的水果種類多樣，新鮮又實惠，除了大眾常見的蘋果、香蕉、橘子之外，來到當地一定要品嘗色彩繽紛、美味可口的當季特色水果，特別是在每年5～8月之間最適合嘗鮮，其中草莓、櫻桃、杏桃、水蜜桃和無花果千萬不可錯過！

在水果攤和超市都可以找到新鮮水果，當地以公斤計價，價位介於每公斤新台幣15～100元。

草莓 Çilek
5月為主要產季，也常出現在甜點中。

櫻桃 Kiraz
6～8月為主要產季，另一種較酸的櫻桃稱為「Vişne」，土耳其為櫻桃產量最高的國家之一。

杏桃 Kayısı
6～8月為主要產季，土耳其的杏桃產量多，在製作成杏桃乾後外銷至世界各地。

水蜜桃 Şeftali
6～8月為主要產季，在當地是相當普遍的水果之一。

無花果 İncir
8～9月為主要產季，在《聖經》和《古蘭經》中都有相關紀載的水果，是公認營養價值極高的水果。

葡萄 Üzüm
8～11月為主要產季，主要產區在西部的愛琴海地區，產量排名僅次於法國、西班牙和義大利。

石榴 Nar
11～1月為主要產季，除了製作新鮮的石榴汁，許多保養品也會萃取其中成分，實用價值非常高。

精選伴手禮

在土耳其購買伴手禮是個極具樂趣的體驗,可以多逛逛不同的店鋪,因為每個店家開出的價格和商品品質會有差異,必要時可從 3 折價開始進行殺價,商家通常很樂意與客人談價格,所以不妨大膽一些,很有機會買到更划算的伴手禮。

藍眼睛
又稱為「避邪眼」,在土耳其文化中被視為具有神奇的保護力量。通常以藍色、白色的玻璃製成,並呈現出眼睛的形狀,民間認為它能吸走邪惡的能量。

大教堂與清真寺
伊斯坦堡最著名的景點聖索菲亞大教堂和藍色清真寺,吸引了來自世界各地的觀光客,其周邊商品如書籤、明信片和零錢包相當受歡迎。

伊茲尼克圖騰
是土耳其最具代表性的藝術圖騰之一,得名於伊茲尼克(İznik);這個地方在鄂圖曼帝國時期是陶瓷製作的中心,出產的作品常以幾何圖形和花朵作為表現形式。

香皂
由於澡堂文化,土耳其人對香皂選擇亦十分講究,除了土耳其浴專用香皂(Hamam Sabunu),橄欖油皂和石榴香皂以其清潔和保濕的特質,受到人們的青睞。

地毯
土耳其地毯以精湛的手工藝和獨特的設計風格享譽世界。不妨帶些尺寸較小,主要為裝飾用途的輕便地毯,同樣能為居家空間增添一絲異國風情。

馬賽克燈飾
異國風情十足的燈飾,以精美的馬賽克拼貼製成,進而營造出迷人的色彩和光影效果,常見於土耳其的市集和手工藝店中,是許多旅人喜歡收藏的紀念品之一。

紅茶咖啡杯組

日常使用的紅茶和咖啡杯組，兼具美觀和實用性，在市集或者超市裡即可找到，是CP值相當高的伴手禮，自用、送禮兩相宜！

土耳其紅茶

喝紅茶是土耳其人的日常文化之一，無論是早餐、午茶還是晚餐後，都少不了一杯香濃的紅茶，在各種聚會場合也都少不了它。

土耳其咖啡

土耳其人會在喝完咖啡後，進行咖啡占卜；來到土耳其，不妨也體驗一下咖啡占卜的樂趣，或許會帶給你一些驚喜和啟示！

蜂蜜

土耳其的蜂蜜產量排名全球前三名，種類繁多、口味豐富，其中以松樹蜜(Çam Balı)和花蜜(Çiçek Balı)最常見。

橄欖油

橄欖油產量在全球名列前茅，憑藉著其優質和多樣性，受到了國內外消費者的青睞，被廣泛應用於各種料理和美容產品中。

香料

香料在土耳其料理中扮演著極重要的角色，每一道菜都講究使用最適合的香料，常見的有肉桂、丁香、小茴香、孜然、胡椒等。

軟糖

土耳其軟糖的口味非常多元且特別，軟糖店賣的開心果、玫瑰、紅石榴口味深受大眾歡迎。

果乾

土耳其出產大量且品質優良的果乾，無花果乾和杏桃乾是最為出色的產品之一，具備營養成分和美味口感，是零食首選。

堅果

土耳其榛果的產量位居全球之首，其他堅果如開心果、杏仁、核桃、腰果等，也都是土耳其人喜愛的日常零嘴。

探索星月國度　精選伴手禮

67

精選品牌

土耳其以其卓越的成衣和皮革產業而聞名，同時也是許多歐洲著名服裝品牌的重要生產基地。因此，來到土耳其，更不可錯過當地的優質品牌；此外，土耳其的美妝、居家生活品牌，也都是品質掛保證的喔！

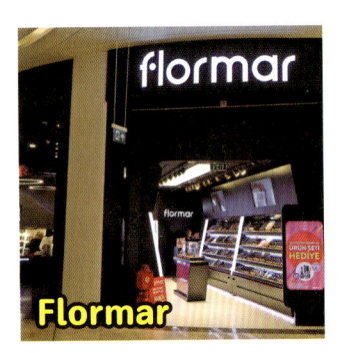

Flormar

土耳其生產製造，主打眼影和唇彩等彩妝用品。目前在美洲、中東及歐洲皆可見到它的身影，為土耳其第一大本土美妝品牌。

www.flormar.com

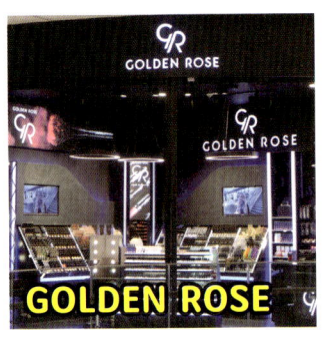

GOLDEN ROSE

主打通過清真(HALAL)及環保認證的彩妝產品，頗受世界各地穆斯林女性的喜愛，在土耳其的美妝店都能找到他們的產品。

shop.goldenrose.com.tr

Take a Break

當地連鎖美妝店

購買美妝商品或者一般生活用品，可以到土耳其幾家連鎖美妝店逛逛，最常見的有：Gratis、Rossmann、Watsons(屈臣氏)，也能在大型購物中心找到Sephora喔！

Defacto

以推出平價、質感衣著為主，時常推出結合當地生活文化的服裝，也是個注重創新、環保與科技的服飾品牌！

www.defacto.com.tr

KOTON

服裝風格偏時尚及活力，深受土耳其年輕女性的喜愛，是土耳其相當有實力和競爭力的服飾品牌。

www.koton.com/tr

LC WAIKIKI

服裝風格偏向保守，但同時也兼顧非穆斯林的市場，在全球46個國家，擁有超過1,200家分店，是土耳其最成功的服飾品牌。

www.lcwaikiki.com

mavi

mavi的字面意義就是土耳其文中「藍色」的意思，是土耳其首屈一指的丹寧品牌。

www.mavicompany.com/tr

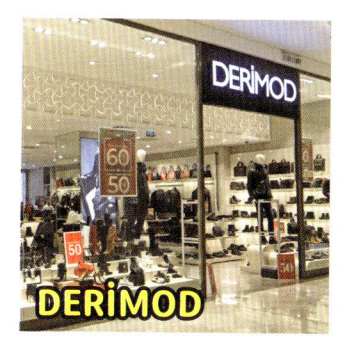

DERİMOD

主打時尚皮革鞋包，風格多元多變，目前為土耳其最受歡迎的鞋包品牌之一。

www.derimod.com.tr

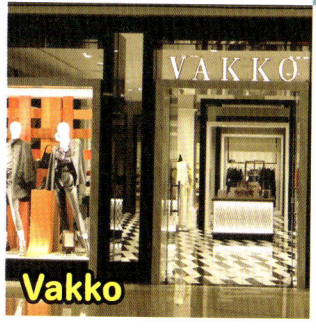

Vakko

是土耳其的高級時尚老牌，以品質優良的絲織品起家，此外，還有居家生活和巧克力品牌。

www.vakko.com

Take a Break

其他服飾品牌推薦

除了上述的常見品牌，想尋找品質更好的服飾，以下也推薦萊拉個人偏好的愛牌：ADL、Beymen、İpekyol、Network。這些品牌以高品質的材料和精緻的設計聞名，風格上獨具一格，時尚又舒適，深受喜愛。

平價鞋包品牌推薦

這裡還有許多出色且平價的本土鞋包品牌，值得一提的像是 Hotiç 與 İnci，它們都是不錯的選擇。

KARACA

有品質極佳的廚房用具、臥室寢具，風格偏向溫馨可愛，擅長將商品結合土耳其的傳統文化。

www.krc.com.tr

MADAME COCO

將法式優雅帶入土耳其人的生活，商品風格簡約清新，是土耳其最受歡迎的居家生活品牌。

www.madamecoco.com

mudo concept

以簡約現代的設計風格，結合大自然元素，輕鬆和諧的感受，深受大學生和上班族的喜愛。

www.mudo.com.tr

Take a Break

居家生活品牌推薦

還有許多值得一逛的好店，像是 BELLA MAISON 和 Chakra；若想購買實用性、設計感與紀念價值兼具的產品，那麼絕對不能錯過 Paşabahçe；如購買易碎物品，一定要請店員妥善包裝。

探索星月國度　精選品牌

69

必玩體驗

土耳其有什麼好玩的新鮮事呢？土耳其幅員廣闊，每個地區的地貌和景色各異，也因此發展出不同的特色文化和主題活動。現在就跟著萊拉一起瞧瞧，到土耳其一定要體驗的主題活動吧！

蘇菲旋轉舞欣賞

蘇菲旋轉舞源自於伊斯蘭教的蘇菲教派，創立該教派的導師是中東及歐洲地區非常有名的波斯神祕主義詩人魯米(Rumi)，土耳其人稱他為「梅夫拉那」(Mevlana)。西元13世紀創立蘇菲教派後，魯米積極帶領人們透過冥想、唱頌詩歌、旋轉舞等靈修方式接近真主安拉。魯米一生中不斷遷移，最後來到土耳其孔亞(Konya)，他在當地進行靈修和寫作，並且長眠於此，蘇菲教派著名的旋轉舞因而在孔亞發揚下去。

夢幻
熱氣球飛行

說到土耳其，許多人的印象可能不是伊斯坦堡舊城的古蹟，而是卡帕多奇亞熱氣球在空中飛翔的浪漫景象，畢竟如此特殊的地貌和夢幻的畫面，很難不讓人留下深刻的印象。來到卡帕多奇亞，除了參觀當地的洞穴教堂和地下城之外，熱氣球飛行也是必玩的體驗活動！

當熱氣球緩緩升空的那一刻，一切都值得了！地面離你越來越遠，景物逐漸變小，此時，就讓所有的煩惱都停留在地面上吧！望向遠方將大地染了一片金黃的晨曦，跟著熱氣球上升的速度，在緩慢的吸吐之間，享受飛行在空中的寧靜與和諧吧！

探索星月國度　必玩體驗

71

海峽遊船賞美景

伊斯坦堡是每一位來到土耳其旅遊的旅人一定會遊玩的城市，除了走在這座千年古城的街道，感受濃厚的異國氛圍之外，搭乘遊船在蔚藍的博斯普魯斯海峽上，看著歐亞兩岸聳立千百年的歷史古蹟，同時欣賞海上的海鷗和美景，也別有一番風情！

博斯普魯斯海峽自古就有重要的戰略地位，它也是各國船隻進出黑海和地中海唯一的通道，歷代君王都渴望將其納入版圖之中；如今，能夠擁有輕鬆航行在博斯普魯斯海峽上的機會，當然要列入必玩的主題活動之中。

探索星月國度 必玩體驗

土耳其浴
初體驗

　　土耳其浴的歷史最早可追溯回羅馬帝國時代，羅馬浴場不只是洗澡的地方，它也是個具備社交功能的場所。土耳其人在澡堂裡搓洗身體的同時，也會和朋友甚至是陌生人閒話家常。傳統土耳其浴的澡堂男女有別，有些澡堂依性別分為兩個區域，有些則是採同澡堂、男女不同使用時段的方式。

「如果只能看這世界一眼，那就看看伊斯坦堡吧！」
——法國浪漫主義詩人拉馬丁 (Alphonse de Lamartine)

ISTANBUL

伊斯坦堡

橫跨歐亞的古文明國度

伊斯坦堡
ISTANBUL

伊斯坦堡

伊斯坦堡，土耳其第一大城，是歐洲和中東最大城，也是世界上唯一一座橫跨歐洲和亞洲的城市，而徜徉於其間的博斯普魯斯海峽，在土耳其文中正是「咽喉」之意。

受到黑海、博斯普魯斯海峽及馬爾馬拉海環繞的伊斯坦堡，自古以來便有極為重要的戰略地位，作為曾經的基督教東羅馬帝國和伊斯蘭教鄂圖曼土耳其帝國的首都，歷代君王們無不為它相爭。

隨著歷史演進，曾經存在於這座城裡的帝國光芒早已消逝，但這片土地上的人們用團結精神與熱情活力，再次活出了屬於他們的生活風貌。

穿梭於歐洲和亞洲之間，是當地居民的日常，他們望著海岸兩旁歷史悠久的宮殿、清真寺、別墅，拿著麵包和海鷗分享，啜飲著捧在手中的土耳其紅茶，在伊斯坦堡獨特的風景中，度過他們平凡的每一天。

伊斯坦堡，就是一場由多種元素撞擊而成的視覺饗宴，它可以是優雅的、古典的，也可以是嘈雜的、混亂的。有人說，與其說伊斯坦堡是一座大城，不如說它就是個景致多元又豐富的國度。無論如何，它始終是世人心目中，那座無可替代的城市。

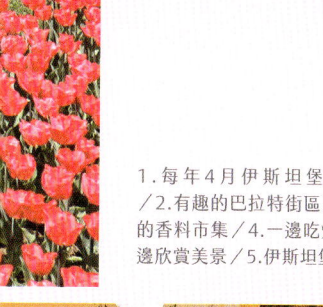

1.每年4月伊斯坦堡鬱金香花開／2.有趣的巴拉特街區／3.人潮擁擠的香料市集／4.一邊吃烤魚麵包，一邊欣賞美景／5.伊斯坦堡街頭塗鴉

伊斯坦堡交通資訊

伊斯坦堡主要分為歐洲岸舊城區、新城區及亞洲岸三大區，為連結三大區的交通，伊斯坦堡的大眾運輸種類十分多元。

除了路面上的電車、公車、區段大巴之外，海上有渡輪，地下有地鐵，海底還有互通歐亞的跨海列車，因此，認識這些大眾運輸所連結的區域以及它們收費的方式，可以讓伊斯坦堡之旅走得更順暢喔！以下為伊斯坦堡主要的大眾運輸交通工具：

伊斯坦堡大眾運輸路線

▌電車 (Tramvay)

電車有T1、T2、T3、T4、T5五條路線，旅人最常使用到的是歐洲岸舊城區的T1和新城區的T2。營運時間：06:00～00:00。

▌地鐵 (Metro)

地鐵有M1A、M1B、M2、M3、M4、M5、M6、M7、M8、M9、M10、M11，共12條路線，旅人最常使用到的是歐洲岸的M2。營運時間：06:00～00:00。

▌渡輪 (Vapur)

渡輪分為市區航線(İstanbul İçi Hatlar)、海峽航線(Boğaz Hatları)和王子島群航線(Adalar Hatları)，不論在伊斯坦堡哪個岸區，都有前往不同目的地的渡輪站，看清楚目的地後再刷伊斯坦堡卡進站，若不知該在哪搭乘，直接詢問站務人員是最快速的方法。營運時間：06:00～22:00，部分至23:00。

跨海列車 (Marmaray)

　　跨海列車起始站為位在哈克勒(Halkalı)與蓋布澤(Gebze)的兩站，全長有76公里，其中旅人最常使用的兩站是歐洲岸的錫爾凱吉站(Sirkeci)與亞洲岸的於斯屈達爾(Üsküdar)站。營運時間：06:00～00:00。

公車 (Otobüs)

　　大部分的景點都可搭電車、地鐵抵達，旅人只會在部分行程使用到公車，建議避開上下班通勤時間，以免路上塞車耽誤行程和時間。營運時間：06:00～00:00；部分全天候營運。

區段大巴 (Metrobüs)

　　主要為當地民眾的通勤工具，旅人使用的機會較小。營運時間：全天候服務。

計次票卡 (Sınırlı Kullanımlı Kart)

種類	票價	使用範圍
一次票卡(BİRgeç)	30里拉	適用於伊斯坦堡所有大眾運輸交通工具
二次票卡(İKigeç)	50里拉	
三次票卡(ÜÇgeç)	80里拉	
五次票卡(BEŞgeç)	150里拉	

伊斯坦堡卡 (İstanbul Kart)

　　首次購買須支付卡片費用130里拉，例如：以200里拉買卡片，會有70里拉餘額可使用。

交通工具	票價	備註
電車、地鐵、公車	20里拉	限定時間內轉乘可享7折
渡輪	35里拉	按航線計費，限定時間內轉乘可享7折
跨海列車	首刷46.94里拉 7站以內20里拉	採搭乘站數計費，出站後可至退款機器(İade Cihazı)刷伊斯坦堡卡退款
區段大巴	首刷29.68里拉	採搭乘站數計費，出站後可至退款機器(İade Cihazı)刷伊斯坦堡卡退款

Tips　避免單獨搭乘計程車

　　過去關於外國遊客搭乘小巴士(Dolmuş)和計程車(Taksi)的負面新聞不斷，建議不熟悉當地的旅人盡量避免單獨搭乘，若不得已必須搭乘，請注意自身安全。

　　搭乘計程車前，可手機下載BiTaksi應用程式，價錢明確，付款方便

歐洲岸舊城區

歐洲岸舊城區地圖

當今人們稱它為「法提赫」(Fatih)，指的是金角灣以南、馬爾馬拉海以北、君士坦丁堡城牆以東的這座半島。它是最原始的伊斯坦堡，也是今日到伊斯坦堡的旅人最主要的旅遊地區。

1453年，鄂圖曼帝國蘇丹穆罕默德二世 (II. Mehmet) 攻下君士坦丁堡，並將它改名為伊斯坦堡，命名此地「法提赫」，意為「征服者」，該地名如今沿用了下來，作為舊城的行政區名。

在鄂圖曼帝國時代，法提赫是伊斯坦堡人口最稠密的一區，商業、宗教、教育等活動在此地蓬勃運作。19世紀後法提赫漸趨擁擠，生活品質下降，人們開始往法提赫以外的區域搬遷，但法提赫在伊斯坦堡人心中的地位，就如伊斯坦堡之於土耳其人一樣不可動搖。

伊斯坦堡最接近天堂的帝國清真寺

蘇萊曼尼耶清真寺
Süleymaniye Camii

伊斯坦堡｜歐洲岸舊城區

http www.ktb.gov.tr/EN-113783/suleymaniye-mosque ｜ Süleymaniye Mah, Prof. Sıddık Sami Onar Cad, No:1, Fatih／İSTANBUL ｜ +90 212 458 00 00 ｜ 08:30～16:45，每週五主麻日則開放至隔日01:30 ｜ 免費 ｜ 搭乘M2地鐵至Vezneciler站，沿著16 Mart Sehitleri街步行約10分鐘 ｜ 1小時

落成於西元1558年的蘇萊曼尼耶清真寺，由蘇丹蘇萊曼一世(I. Süleyman)下令，帝國御用建築師錫南(Mimar Sinan)接令建造。當時參與這項興建工程的學徒、工匠、助手將近3,000人，多為信仰基督教的希臘人和亞美尼亞人。

蘇萊曼尼耶清真寺長59公尺、寬58公尺，內部的風格簡單典雅，使用紅色的伊茲尼克磁磚。壯觀的外貌是為突顯蘇丹在帝國和宗教領域的至高權力，室內設計簡單典雅則是因為在伊斯蘭教中，簡單與樸實是一種美德。

通常在興建這類大型清真寺時，為避免遭受宗教界人士的批評，必定伴隨著公益事業，例如：創立學校和興建醫院等。

擁有絕佳視野俯瞰市區全景

坐落在伊斯坦堡舊城的山丘上，從蘇萊曼尼耶清真寺的位置可俯瞰整座城市，也因為環境相當優美，讓它贏得「最接近天堂」清真寺的美稱。當年的每個星期五主麻日，蘇丹都會來到這裡做禮拜。

清真寺後花園如今葬著蘇丹蘇萊曼一世與他的妻子許蕾姆皇后(Hürrem Sultan)，當年身為一名烏克蘭奴隸，皇后憑藉美貌和智慧，一路晉升，並且從事許多慈善事業，也是鄂圖曼帝國時代推行女權的倡導者之一。

1.白色大理石牆面為主體，清真寺顯得純潔無瑕／2.清真寺庭院環境優美，當地人週末也會到這野餐／3.清真寺內部，多扇窗戶顯得室內特別明亮

融合宗教、歷史、藝術的傳奇建築

聖索菲亞清真寺
Ayasofya Camii

| muze.gen.tr/muze-detay/ayasofya | Sultanahmet Mah, Ayasofya Meydanı, Fatih／İSTANBUL | +90 212 522 17 50 | 09:00～19:30，售票至19:00 | 1,000里拉 | 搭乘T1電車至Sultanahmet站 | 2小時

聖索菲亞清真寺，舊稱「聖索菲亞大教堂」，它曾是世界上最大的教堂，是拜占庭建築中的經典，也是見證了君士坦丁堡的統治者由基督教轉向伊斯蘭教的傳奇建築。在這1,500年內，它的身分從教堂變成清真寺，再從清真寺被改為博物館，而近年則在眾多民眾的期待下，再度變更回清真寺。

經過無數次的重建與修復

回顧歷史，要從西元532年說起。那年，東羅馬帝國皇帝查士丁尼一世(Justinianus I)下令建造聖索菲亞大教堂，在此之前，此地曾佇立著兩座教堂，但都在動亂中不幸被摧毀。537年，雄偉的大教堂完工，此後1,000年內，作為君士坦丁堡在宗教、政治方面最重要的場所，聖索菲亞大教堂卻不斷遭受大火和強震摧殘，千年以來歷經無數次的重建和修復。

西元1453年，鄂圖曼土耳其人征服君士坦丁堡，當時這位攻滅東羅馬帝國、年僅21歲的蘇丹穆罕默德二世(II. Mehmet)，購買教堂的所有權，並且將其作為清真寺使用。教堂裡原有的祭壇、聖像和鑲嵌畫被遮蔽，取而代之的

是有伊斯蘭象徵的喚拜塔、講經壇和朝拜壁龕，數百年後更掛上了刻有真主安拉、先知穆罕默德、四大哈里發名字的圓框書法雕飾。

在16世紀被作為清真寺使用時，曾由伊斯蘭世界最偉大的建築師錫南(Mimar Sinan)加強修復，他在清真寺外部加築有力的支撐結構，使這座雄偉的建築免於強震的傷害。

成為博物館的演變史

西元1923年，土耳其共和國正式建立，國父凱末爾(Mustafa Kemal Atatürk)推行世俗化政策，這座曾經作為教堂和清真寺使用的建築，首次褪去它的宗教色彩，於1935年正式以博物館的姿態迎接世人。他們將地板上禮拜用的大地毯移走，並開始進行博物館內部的修復工作，長期被石灰覆蓋住的鑲嵌壁畫更是得以重見天日。

然而，西元2020年7月2日，土耳其總統艾爾段(Recep Tayyip Erdoğan)在政治運作下，撤銷當年由土耳其國父凱末爾所頒布的命令，正式宣布將博物館恢復為清真寺使用。未來的聖索菲亞清真寺，是否能如同以往那般延續著它的多元及獨特，在在考驗著當地政府與人民的智慧。

1.聖索菲亞清真寺吸引了千百萬遊客到訪／2,3.踏入清真寺內體會它的輝煌／4.位於出口處的「向聖母獻上聖索菲亞」，畫中站在右方的是將君士坦丁堡獻給聖母的君士坦丁大帝，左方的是將聖索菲亞大教堂獻給聖母的查士丁尼大帝／5.住在這座大教堂裡的貓，同時也是隻網紅貓／6.齋戒月市集／7.春天廣場上的鬱金香地毯

伊斯坦堡｜歐洲岸舊城區

擁有6根宣禮塔的藍色清真寺

蘇丹艾哈邁德清真寺
Sultanahmet Camii

[http] sultanahmetcami.org ｜ Sultanahmet Mah, At Meydanı Cad, No:7, Fatih／İSTANBUL ｜ +90 212 458 44 68 ｜ 4～9月08:30～19:00，10～3月08:30～17:00，最後30分鐘為最後開放時間，每週五主麻日對外開放時間始於14:30 ｜ 免費 ｜ 搭乘T1電車至Sultanahmet站 ｜ 1小時

更廣為人知的名字叫作「藍色清真寺」，落成於西元1616年，是土耳其的國家清真寺，也是目前最受全世界旅人歡迎的伊斯坦堡景點之一。

當年蘇丹艾哈邁德一世(I. Ahmet)下令建造一座帝國級的清真寺，只為與聖索菲亞大教堂媲美，就這樣永遠注定了藍色清真寺的位置——聖索菲亞大教堂的對面。從此，兩座世上最有名的建築之一，彼此相互凝視，相伴千百年。

藍色清真寺由鄂圖曼帝國最知名的建築師錫南(Mimar Sinan)其徒弟賽德夫哈爾‧穆罕默德阿爾(Sedefkar Mehmet Ağa)接令打造，他成就了老師錫南一生未能完成的願望，也為伊斯坦堡添上一座宏偉壯觀的建築。

藍色清真寺參考了聖索菲亞大教堂的拜占庭式特色，並在其中加入鄂圖曼式建築的元素，最著名的地方便是它擁有6根宣禮塔。據傳，當年建築師誤聽了蘇丹的指令，把黃金(Altın)聽成了數字6(Altı)，因而建造出這場美麗的誤會；而它之所以被稱為「藍色清真寺」是因為內部使用超過2萬片的伊茲尼克(İznik)磁磚，藍色塗料上畫印著各式的鄂圖曼花草藝術圖騰，至今仍為各地旅人著迷。

1.蘇丹艾哈邁德清真寺／2.上萬片的伊茲尼克磁磚，至今仍少有建築能超越它／3.在暖色燈光與彩色玻璃窗的相互營造下，清真寺內氣氛更顯神祕

84

東羅馬帝國的娛樂及社交中心

蘇丹艾哈邁德廣場
Sultanahmet Meydanı

伊斯坦堡｜歐洲岸舊城區

[http] www.fatih.bel.tr｜Binbirdirek Mah, Sultanahmet Parkı, No:2, Fatih／İSTANBUL｜+90 212 453 14 53｜24小時開放｜免費｜搭乘T1電車至Sultanahmet站｜0.5小時

在羅馬帝國時代，今日的蘇丹艾哈邁德廣場，就是當時的賽馬場，它被用於進行戰車競賽及其他娛樂活動，目前廣場上豎立了1座噴泉亭和3座紀念柱，皆具有歷史更迭的意義。

最靠近街道的德意志噴泉亭(Alman Çeşmesi)，是西元1898年為紀念日耳曼皇帝威廉七世訪問伊斯坦堡2週年，於德國製造，現址組裝，贈送給土耳其蘇丹的禮物。

距離德意志噴泉亭最近的紀念柱，為廣場上歷史最悠久的圖特摩斯三世方尖碑(Theodosius Dikilitaşı)，它是西元前15世紀，埃及法老王圖特摩斯三世在位期間豎立在卡納克神廟的紀念柱，390年時，由拜占庭的狄奧多西大帝搬運至此。

中央別具特色的蛇柱(Yılanlı Sütun)，是西元前5世紀希臘城邦為慶祝戰勝波斯軍隊而建造的1根銅柱，最初立於希臘德爾斐的阿波羅神廟，324年由君士坦丁大帝搬運至此。蛇柱的最上方原有3個蛇頭，可惜在17世紀時遭受破壞，目前可在伊斯坦堡考古博物館看見蛇頭復原後的展示。

離德意志噴泉亭最遠的牆柱(Örme Dikilitaş)，確切的建造年代已不可考，它在西元1204年第四次十字軍東征時遭受極為嚴重的破壞，原本裝飾用的鍍金銅牌被盜，目前留存的是被破壞後，石柱本體的樣貌。

1.頭與身分離已久的蛇柱／2.設計與色彩相當典雅的德意志噴泉亭／3.最引人注目的埃及方尖碑，保存得非常完整／4.受破壞的牆柱，可清楚看見上頭的坑坑洞洞

鄂圖曼帝國歷代蘇丹的家

托普卡匹皇宮
Topkapı Sarayı Müzesi

muze.gen.tr/muze-detay/topkapi ｜ Cankurtaran Mah, Topkapı Sarayı, No:1, Fatih／İSTANBUL ｜ +90 212 512 04 80 ｜ 09:00～18:00，售票至17:30 ｜ 週二 ｜ 皇宮、後宮、聖伊蓮娜教堂聯票1,500里拉 ｜ 搭乘T1電車至Gülhane站 ｜ 3小時

蘇丹穆罕默德二世(II. Mehmet)攻下君士坦丁堡的6年後，西元1459年，他下令興建托普卡匹皇宮。托普卡匹(Topkapı)，在土耳其語中的意思是「大砲之門」，整座皇宮就坐落在金角灣與馬爾馬拉海交界處的一座山丘上，能夠遠眺博斯普魯斯海峽，並且掌握海上及陸地的一切動靜。

成為開放參觀的博物館

1853年之際，主張西化改革的蘇丹阿卜杜勒・邁吉德一世(I. Abdülmecid)將皇宮遷移至新城區的朵瑪巴切皇宮(Dolmabahçe Sarayı)，它是一座新巴洛克式的皇宮，也是鄂圖曼帝國首座歐式皇宮，托普卡匹皇宮則慢慢褪去它作為王室住所的功能。

時間來到土耳其共和國，1924年土耳其政府將托普卡匹皇宮改為開放給大眾參觀的博物館，保留了許多盔甲、盾牌、刀劍、槍枝、服飾、瓷器和珠寶等，目前陳列出的只是皇宮裡最重要的一部分。

昔日蘇丹及后妃們的御花園，也就是今日在托普卡匹皇宮外院的居爾哈尼公園(Gülhane Parkı)，每年春天一到，會有大片鬱金香一同盛開，成為舊城區最繽紛的一隅。

歷代蘇丹及后妃的生活居所

托普卡匹皇宮為鄂圖曼帝國歷代蘇丹及后妃們自西元 1465～1853 年生活的居所，也是舉行國家典禮和議論朝政的場所，整座皇宮有 4 座庭院及多棟建築物，可住上 6,000 人。

其中，皇宮的建築物包括第一庭院的聖伊蓮娜教堂 (Aya İrini)，作為拜占庭式建築，是帝國時代的軍械庫。第二庭院則有議政廳 (Kubbealtı)、後宮 (Harem) 及規模甚大的御膳房 (Saray Mutfakları)，據傳御膳房內需近千人同時工作，才足以應付當時整個皇宮內的膳食需求。

第三庭院之後被稱為「內廷」，包括了蘇丹的私人廳堂、圖書館 (III. Ahmed Kütüphanesi) 和寶庫 (Hazine Koğuşu)，

▲ 位在第三庭院以大理石建造而成的「穆罕默德三世圖書館」

其中，有一間私室專門用來收藏宗教文物，例如：先知穆罕默德的聖髑、牙齒、鬍鬚、斗篷，以及摩西之杖等。第四庭院則有割禮廳 (Sünnet Odası)、太醫院 (Hekimbaşı Odası)、巴格達亭樓 (Bağdat Köşkü) 及皇宮海景露臺，環境十分優美。

1.蘇丹艾哈邁德三世噴泉／2.蘇丹通行的「帝王之門」／3.過去為御花園的「居爾哈尼公園」／4.第二庭院的入口「崇敬門」，為帝國官員和外國使節的出入通道／5.第三庭院「吉兆之門」／6.皇宮的大陽台上有伊斯坦堡最優美的視野和風景

伊斯坦堡｜歐洲岸舊城區

世界上最古老的蓄水池

地下水宮殿
Yerebatan Sarnıcı Müzesi

🌐 www.yerebatan.com | 📍 Alemdar Mah, Yerebatan Cad, 1/3, Fatih／İSTANBUL | 📞 +90 212 512 15 70 | 🕐 09:00～23:50，日間票有效時間至18:30，19:30後入場的夜間票須現場購買 | 💲 990里拉 | 🚋 搭乘T1電車至Sultanahmet站，步行至聖索菲亞清真寺和蘇丹艾哈邁德廣場交叉路口處 | ⏳ 1小時

土耳其文直譯名稱為「沉入地底的水箱」，也就是地下蓄水池的意思。據傳地下水宮殿最早由君士坦丁大帝(Constantine the Great)進行初建，原本的地面上有座教堂，後來毀於西元5世紀的一場大火之中。

西元6世紀時，由於東羅馬帝國的一場暴動，查士丁尼一世(Justinianus I.)下令擴建蓄水池，並動用7,000名奴隸建設，希望民眾用水無虞。它的長度有140公尺，寬度70公尺，可容納10萬噸的水量，透過城市的地面引水道可引水至各地使用。這座地下蓄水池在使用千年後，仍然於西元15世紀繼續為鄂圖曼帝國的托普卡匹皇宮供水。

整座地下水宮殿最著名的就是上下顛倒擺放的梅杜莎石柱，梅杜莎(Medusa)是希臘神話中的蛇髮女妖，關於她的神話故事版本眾多。其中一個傳說是，智慧女神雅典娜(Athena)以褻瀆神廟等理由，將梅杜莎變成了一位樣貌極為醜陋的蛇髮女妖，任何人與她對到眼，都逃不過石化的命運。

地下水宮殿裡的梅杜莎石柱，究竟是由何人擺置在此，已無從知曉，但是人們相信梅杜莎從來不想傷害任何人，只是一位遭受詛咒的受害者，於是她守護這座地下宮殿的傳說，也在這樣神祕的氛圍裡蔓延開來。

1,2.電影《007空降危機》和《地獄》都曾在這裡取景／3.極為著名的梅杜莎石柱，現場看令人感到驚悚／4.為紀念當年修建地下水宮殿時犧牲掉的奴隸而建，柱身上有孔雀眼和樹紋 (以上圖片提供／黃崇健)

伊斯坦堡｜歐洲岸舊城區

世界上最大最古老的巴扎之一
有頂大市集
Kapalı Çarşı

🌐 www.kapalicarsi.com.tr｜📍 Kalpakçılar Cad, No:22, Fatih／İSTANBUL｜📞 +90 212 519 12 48｜🕐 08:30～19:00｜休 週日、兩大宗教節日｜🚇 搭乘T1電車至Beyazıt站｜⏱ 2小時

西元1455年由蘇丹穆罕默德二世(II. Mehmet)下令擴建的室內市集，共有61條街道，超過4,000店家，主要販售香料、首飾、陶瓷、地毯和各式生活器具，號稱中東地區最大的市集。

擴建之前它的規模並不大，只有兩座圓頂建築的大小；16世紀，蘇丹蘇萊曼一世(I. Süleyman)在位期間加大擴展，由12個主要建築物和22扇大門構成。

有頂大市集的店員具備語言專長，溝通上不是問題，但部分意圖不明，甚至不懷好意者，請多加小心，必要時儘速離開現場。購物建議在不同店家之間多比較，並且從3折價開始殺價，通常在5～7折價成交。

當地人也愛逛的傳統巴扎
香料市集
Mısır Çarşı

🌐 www.misircarsisi.org.tr｜📍 Mısır Çarşısı, No:92, Fatih／İSTANBUL｜📞 +90 212 513 65 97｜🕐 08:00～19:30｜🚇 搭乘T1電車至Eminönü站｜⏱ 1小時

興建於西元1660年代，又稱「埃及市集」，過去是來自埃及的商隊所停駐的地點，有許多來自埃及的商品在此交易。至於被稱為「香料市集」，乃因從過去至今日，它一直都是伊斯坦堡最主要的香料販售區；不過，近來香料商店的比例已逐年減少，其他商店如金飾店的比例則大幅增加。

在香料市集，可以找到比有頂大市集更實惠的在地食品、生活用品和紀念品，別忘了！一樣從3折價開始和店員講價喔！

1.琳瑯滿目的商品，多家比較才能談到好價格／2.香料市集入口，要配合安檢隨身包包／3.插滿土耳其國旗、井然有序的香料市集內部

歐洲岸新城區

　　博斯普魯斯海峽以西、金角灣以北的區塊，被稱為「新城區」，相較於舊城區，新城區除了擁有近代的歷史古蹟之外，也是伊斯坦堡主要商業區及藝文中心所在地。

　　早期新城區的主要居民為猶太人、希臘人和亞美尼亞人，因此，現在仍可在這裡見到猶太會堂和天主教堂。

　　西元19世紀後，鄂圖曼帝國與歐洲國家的交流漸增，新城區的海岸邊開始出現了以新巴洛克風格設計而成的宮殿，甚至還有新穎的歐風清真寺。此外，著名的獨立大街，當年聚集著來自各國的外交使節，直到第一次世界大戰後，新城區的人文樣貌，才開始有了改變。

　　時代紛亂，許多歐洲貴族難民來到伊斯坦堡，多數集中在新城區，直到土耳其邁入以民族主義為理念的共和國時代，歐洲移民和舊時代的非穆斯林居民紛紛離開伊斯坦堡，這一帶才逐漸成為今日的樣貌。

在舊城新城區，欣賞最美的晚霞

加拉達橋
Galata Köprüsü

📍Kemankeş Karamustafa Paşa Mah, Galata Köprüsü, Beyoğlu／İSTANBUL｜🕐24小時開放｜💲免費｜🚋搭乘T1電車至Eminönü站，或搭乘F2纜車至Karaköy站｜⏱0.5小時

加拉達橋是連接伊斯坦堡歐洲岸兩個重要區域——舊城的艾米諾努(Eminönü)和新城的貝伊奧盧(Beyoğlu)的一座知名橋樑，其所連結的不只是兩個地理區域，其實也串起了傳統及現代兩種截然不同的生活文化。

全長490公尺、寬42公尺，這座橋的歷史可追溯回19世紀，但現在所見的是西元1994年重建的版本。

橫跨金角灣，加拉達橋不僅是伊斯坦堡交通的關鍵樞紐，承載著來往的行人和車輛，同時也是一個必遊的觀光景點。白天，橋上站著一整排專注的釣客在此垂釣，與船隻和海鷗為伴，度過他們的日常；橋下則有許多海鮮餐廳在此營業，每當夜幕降臨，這裡燈火通明，為金角灣的夜景創造出活力與浪漫。

不論白天或夜晚，站在加拉達橋上放眼望去，旅人可以欣賞到不同的伊斯坦堡景致，感受這座城市獨有的文化薈萃，也因為如此，它始終吸引著無數來自世界各地的旅人到訪。

伊斯坦堡｜歐洲岸新城區

1.橋上可遠眺伊斯坦堡亞洲岸／2.裝備齊全的釣客／3.許多釣客在加拉達橋上垂釣／4.從伊斯坦堡新城一岸望向加拉達橋

一覽360度博斯普魯斯海峽美景

加拉達塔
Galata Kulesi

[http] muze.gen.tr/muze-detay/galatakulesi｜Bereketzade Mah, Büyük Hendek Cad, No:2, Beyoğlu／İSTANBUL｜+90 212 249 03 44｜4～10月08:30～23:00，11～3月08:30～22:00｜30歐元｜搭乘M2地鐵至Şişhane站，下車後步行5分鐘｜1小時

加拉達塔興建於西元528年，最初被作為燈塔使用，歷經千年的時光，如今它是伊斯坦堡最古老且最多功能的一座中世紀石塔。

位在歐洲岸新城區的加拉達塔，塔上可360度欣賞伊斯坦堡整座城市，可遠眺的範圍包括：歐洲岸的舊城區、金角灣、博斯普魯斯海峽以及亞洲岸，是旅人來到伊斯坦堡必定朝聖的景點之一。

第一個飛上天的傳說

此外，關於加拉達塔還有一個傳說，那就是世界上第一個飛上天的人其實是土耳其人，他名叫切萊比（Hezarfen Ahmet Çelebi），於1638年以滑翔翼的方式，從加拉達塔上一躍而下，在橫跨博斯普魯斯海峽後，抵達了亞洲岸的於斯屈達爾（Üsküdar），這個故事也為加拉達塔的歷史增添了不少趣味！

1.夜晚點燈後的加拉達塔，吸引許多人在附近咖啡館喝咖啡／2.塔頂是一家餐廳，可眺望360度的伊斯坦堡全景

擁有數百年歷史的多功能燈塔　豆知識

回顧加拉達塔的歷史，可謂相當精采。西元1204年第四次十字軍東征，加拉達塔受到了非常嚴重的損壞，直到1348年才完成整修工作，塔高有66.9公尺，是當時整座城市最高的建築物。

在加拉達塔完成整修後，功能從此趨向多元，除了燈塔的功能，數百年以來它曾被作為天文台、監牢、火警警報塔使用，現在則是一座景觀瞭望塔，塔內有家景觀餐廳。加拉達塔可說是切合對應著每個年代的需求，而發揮出它不同的功用呢！

伊斯坦堡的香榭大道

獨立大街
İstiklal Caddesi

📍 İstiklal Caddesi, Beyoğlu／İSTANBUL ｜ 🕐 24小時開放 ｜ 🚇 搭乘M2地鐵至Şişhane或Taksim站 ｜ ⏳ 2小時

獨立大街位於伊斯坦堡新城市中心，是一條歷史悠久且充滿活力的街道，它起始於加拉達塔附近，結束於塔克辛廣場，全長約3公里；大街上主要多為希臘式建築，除了有教堂和清真寺以外，還有許多國家在此設立領事館和學術機構，深具歷史、文化及政治意義。

如今的獨立大街則成為了一條匯集餐飲、購物、娛樂等於一身的繁華步行街，這裡擁有各式餐廳、甜點店、酒吧、咖啡館、服飾店、書店和劇院，吸引著來自四面八方的遊客和當地居民，特別是在旅遊旺季的週末時間，人潮湧入，街道上熙熙攘攘，充滿了熱鬧的氛圍。

豆知識：歐洲貴族喜愛的熱門地區

西元19世紀末，鄂圖曼帝國從伊斯坦堡連接法國巴黎的鐵路開始營運，歐洲貴族們紛紛搭乘東方快車來到伊斯坦堡，而獨立大街上的豪華飯店便成為他們下車後的首選，因此，這裡不僅是遊覽伊斯坦堡的歐洲貴族及移民經常出現的熱門地點，也成為鄂圖曼帝國當時知識份子的聚集地。

1.獨立大街人潮擁擠，請小心隨身財物／2.大街上的甜點店櫥窗／3.大街上的花販／4.晚間的獨立大街是人潮最多的時候

伊斯坦堡　歐洲岸新城區

93

新哥德式建築的天主教教堂

帕多瓦聖安多尼教堂
Aziz Antuan Katolik Kilisesi

www.sentantuan.com | Tomtom Mah, İstiklal Cad, No:171, Beyoğlu／İSTANBUL | +90 212 244 09 35 | 週一～五08:00～19:30，週末09:00～19:30 | 免費 | 搭乘M2地鐵至Şişhane或Taksim站，步行5～10分鐘 | 0.5小時

走在清真寺相當密集的伊斯坦堡，一定也會想看看當地其他宗教的信仰中心是什麼模樣，而帕多瓦聖安多尼教堂就是能讓來到伊斯坦堡的旅人體驗不同宗教的神聖之地。

由義大利人興建於西元1725年的帕多瓦聖安多尼教堂，是伊斯坦堡最大及最重要的天主教堂；目前所見的建築並非原來的模樣，而是1912年在原址重新建造的新建築。位在喧鬧獨立大街上安靜的一隅，帕多瓦聖安多尼教堂難以被忽視，因為在滿是希臘建築的獨立大街上，如此一幢新哥德式建築看上去十分耀眼！

不僅是天主教徒會到訪，當地信仰伊斯蘭教的土耳其人也會以欣賞的角度參觀教堂，而對於短暫停留伊斯坦堡的旅人來說，它更是值得收藏進相機中的迷人建築。

1.走在獨立大街上，很少人不被這幢建築物吸引／2.祥和的聖母瑪利亞聖像／3.在天主教堂裡點燃燭火的穆斯林女孩，非常有趣的一景／4.散發著神聖氣息的教堂內部

豆知識：教宗聖若望二十三世的布道之地

教堂有段令人印象深刻的歷史，在西元1934～1944年，亦即教宗聖若望二十三世(Sanctus Ioannes PP. XXIII)在當選教宗前，他曾在這座教堂布道10年之久。作為梵諦岡駐土耳其大使，他能說流利的土耳其語，也因為他對這座城市及人民的愛，使得帕多瓦聖安多尼教堂與當地不同信仰的居民拉近了不少距離。

象徵現代民主與自由的指標性廣場

塔克辛廣場
Taksim Meydanı

Gümüşsuyu Mah, Sıraselviler Cad, No:5, Beyoğlu／İSTANBUL｜24小時開放｜搭乘M2地鐵至Taksim站｜0.5小時

伊斯坦堡｜歐洲岸新城區

Take a Break
世界上最短的地鐵線

特別的是，塔克辛的地下有一條歷史僅次於倫敦地鐵的古老地鐵——Tünel，意思為「隧道」，是世界上第二古老的地鐵。它自1875年開始營運，全長僅有573公尺，有「世界上最短的地鐵線」之稱，起初以蒸汽機拉動纜索，在兩站之間來回運行，後來改以電力拉動為運作方式。有機會不妨體驗一下！

　西元18世紀時，蘇丹馬哈穆德一世(I. Mahmud)下令進行配水制度的改革，此地成為伊斯坦堡的集水與配水中心，原意為「分配」的「塔克辛」(Taksim)一詞便成了當地的地名。

　矗立在塔克辛廣場上的共和紀念碑(Cumhuriyet Anıtı)建造於西元1928年，是為了紀念土耳其國父凱末爾帶領20世紀初的土耳其人民英勇奮戰，贏得了獨立戰爭的輝煌歷史，也象徵著民主與自由時代的到來。

　今日的塔克辛廣場是當地民眾見面與集合的指標地點，時常也有抗議遊行活動在此進行，如遇見類似活動請多加注意自身安全。

1.塔克辛廣場上的人群／2.熱鬧的地區有許多警察駐點／3.塔克辛廣場上的共和紀念碑／4.穿梭於塔克辛廣場和獨立大街上的復古電車

95

鄂圖曼帝國最奢華的新巴洛克宮殿

朵瑪巴切皇宮
Dolmabahçe Sarayı

www.millisaraylar.gov.tr/Lokasyon/3/dolmabahce-sarayi | Vişnezade Mah, Dolmabahçe Cad, No: 2, Beşiktaş／İSTANBUL | +90 212 236 90 00 | 09:00～17:30，最後購票時間為16:30，國定假日見網站說明 | 週一 | 全區票券1,200里拉 | 搭乘T1電車至Kabataş站，下車後步行10分鐘 | 2小時

　　自西元1843年開始興建，歷時13年完成的朵瑪巴切皇宮，是由接受歐式教育、能說流利法語且嚮往歐洲人文的蘇丹阿卜杜勒·邁吉德一世(I. Abdülmecid)下令建造，為一座外觀典雅的新巴洛克式皇宮，也是鄂圖曼帝國歷史上最奢華的一座現代皇宮。建築工程總共耗費35噸黃金，其中有14噸黃金被製成金箔用於裝飾宮殿的天花板。

　　從花費的黃金來看，便可得知宮殿內部的設計極其精美，從優雅的鐘樓到英國維多利亞女王(Queen Victoria)贈予的波西米亞水晶吊燈，再到精緻的古典居家擺設，皆見證著帝國潮流的轉變——從舊有的伊斯蘭特色走向嶄新的歐式風格，那絕對是數代以前的蘇丹不敢想像的新時代。

鄂圖曼帝國蘇丹的居所

　　位在博斯普魯斯海峽岸邊的朵瑪巴切皇宮，華麗的新巴洛克建築在蔚藍海水的映襯下顯得格外迷人，從西元1856年開始它便是鄂圖曼帝國蘇丹的主要居所，相較於舊皇宮托普卡匹皇宮，朵瑪巴切皇宮更顯豪奢舒適，前後共有6

位蘇丹曾經居住在這裡，他們的皇子也都誕生在這座新式皇宮內。然而，也是此時鄂圖曼帝國的國力急速走弱。

1923年，隨著帝國時代的結束及共和國時代的來臨，曾經居住在皇宮裡的主人及後代紛紛逃難至歐洲各地，一條關於皇宮所有權的法律於1924年正式生效，朵瑪巴切皇宮最終歸屬土耳其共和國所有。作為國家資產，這座皇宮在後來成為了土耳其國父凱末爾在伊斯坦堡的夏季官邸，也是他度過人生晚年的地方。

為凱末爾靜止一分鐘

豆知識

西元1938年11月10日，凱末爾安詳地在皇宮裡的一間房間內離開人世，目前這間房間被完整保存著並開放給民眾參觀，房間內的鐘錶則停留在那個令土耳其全國人民感到哀傷的09:05。因此，每年的11月10日上午9點05分，各地土耳其民眾無論是開車中的駕駛、行走中的路人，都會不約而同原地「靜止一分鐘」，只為紀念他們永遠深愛的國父凱末爾。在這段期間前來土耳其旅遊，一定要把握機會體驗當地人的愛國情懷！

另外，請注意，朵瑪巴切皇宮目前僅開放戶外庭院作為遊客拍照場地，宮殿內部禁止拍照及錄影，務必遵守相關規定。

伊斯坦堡｜歐洲岸新城區

1.允許拍照的最後一段路，新式皇宮的池塘，入大殿後禁止拍照／2.朵瑪巴切皇宮外入口處的巴洛克式鐘樓／3.奢華的入口大門，仔細端詳每一角落都是巧工／4.雖為巴洛克式皇宮，但統治者信仰的伊斯蘭教強調簡樸，因此皇宮的外觀比內部低調收斂許多／5.望向博斯普魯斯海峽的華麗側門，是非常熱門的拍照景點

亞洲岸

亞洲岸地圖

博斯普魯斯海峽以東的亞洲陸塊與馬爾馬拉海上的王子島群，被併稱為「亞洲岸」。在過去，亞洲岸有零散的猶太和希臘聚落，今日它則是伊斯坦堡的商業住宅區和文教區。

雖然亞洲岸主要是伊斯坦堡當地人的生活圈，但仍有不少值得拜訪的景點待旅人探索，例如：以希臘神話故事為背景的少女塔、土耳其最大的清真寺——恰姆勒賈清真寺、恰姆勒賈山丘上迷人的跨海大橋風景，以及古時王子流放地——王子島群，都能讓旅人感受到亞洲岸的悠閒和自在。

此外，想體驗道地的當地生活，也可到於斯屈達爾和卡德寇伊這一帶的街區逛逛，坐在咖啡館的露天座，觀看來往街頭的人，也是旅途中非常珍貴且愜意的一種享受！

於斯屈達爾市歷史悠久的清真寺
米赫麗瑪蘇丹清真寺
Mihrimah Sultan Camii

🌐 www.uskudar.bel.tr/en/main/pages/mihrimah-sultan-mosque/315 | 📍 Mimar Sinan Mah, Üsküdar／İSTANBUL | 🕐 每日非禮拜時間開放 | 💰 免費 | 🚇 搭乘M5地鐵、渡輪或跨海列車Marmaray至Üsküdar站 | ⏱ 0.5小時

米赫麗瑪清真寺是由蘇丹蘇萊曼大帝(Sultan Süleyman)與許蕾姆蘇丹皇后(Hürrem Sultan)的女兒米赫麗瑪蘇丹(Mihrimah Sultan)贊助興建，並由御用建築師錫南設計，落成於西元1566年，是鄂圖曼帝國最輝煌的年代。

蘇萊曼大帝是鄂圖曼帝國在位最長、成就最高的一位蘇丹，人們之所以把這座清真寺看得如此重要，乃因米赫麗瑪蘇丹是蘇萊曼大帝的所有子女當中，唯一與他同許蕾姆蘇丹皇后一起葬在蘇萊曼尼耶清真寺的一位。

如今站在米赫麗瑪清真寺的庭院裡，即可一覽博斯普魯斯海峽的優美風景，在神聖莊嚴的喚拜廣播中，體驗不一樣的伊斯坦堡日常。

1.清真寺位在於斯屈達爾市區，有如城市守望者一般／2.泉亭至今仍供市民清潔和飲用

體驗伊斯坦堡最道地的居民日常
於斯屈達爾街區
Üsküdar Sokakları

📍 Üsküdar／İSTANBUL | 🕐 按照各家商店、餐廳營業時間而定 | 🚇 搭乘M5地鐵、渡輪或跨海列車Marmaray至Üsküdar站 | ⏱ 1小時

於斯屈達爾街區主要是指於斯屈達爾海岸邊與地鐵站一帶的市區街道，這裡有熱鬧的海鮮市場、蔬果市場、餐廳和咖啡館，是逛完少女塔和米赫麗瑪清真寺後的最佳休憩點。漫步於斯屈達爾街區，旅人可以在一聲聲叫賣之中，感受到充滿活力的市集氛圍，同時體驗極為道地的居民日常！

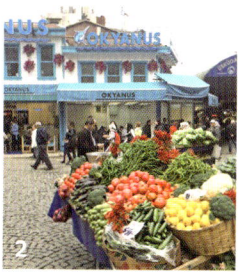

1.儘管位在市區，於斯屈達爾人的生活步調相對悠閒／2.海鮮市場一旁街道上，賣著新鮮蔬果的攤販／3.排隊買麵包是當地的日常景象

伊斯坦堡｜亞洲岸

99

伊斯坦堡的約會勝地

少女塔
Kız Kulesi

| kizkulesi.gov.tr | Salacak Mah, Üsküdar Harem Sahil Yolu, No:26, Üsküdar／İSTANBUL | +90 216 342 47 47 | 09:30～18:00 | 27歐元，不包含船票 | 搭乘M5地鐵、渡輪或跨海列車Marmaray至Üsküdar站 | 1小時

距離亞洲岸於斯屈達爾海岸僅有200公尺的少女塔，是由東羅馬帝國皇帝阿歷克寒一世（Alexius I Comnenus）下令建造並且落成於西元1110年，歷史相當久遠，最初是為了掌控軍事安全與航運優勢，因而建造的一座防禦塔。然而，伊斯坦堡天然災害頻繁，目前的少女塔是在經歷過地震和淹水後於18世紀重建而成，它曾被改作燈塔使用，現則為一座博物館，由土耳其政府管理和營運。

與後期的少女塔相關的故事及傳說在歷史上總共有兩則，兩個故事傳說皆有各自的支持者。除了這些故事傳說為少女塔增添不少色彩，少女塔更曾被選為世界最知名拍照景點前5名！所以，來到少女塔，可別忘了拿起相機記錄你與它的相遇喔！

1.關於少女塔，你喜歡它的哪一個傳說故事？／2.若不登塔，坐在岸邊吹風喝茶賞景也很棒

Tips 登塔船班資訊

想要登塔的旅人，目前需前往 Karaköy Ziraat Bank 前碼頭，位在新城區 Karaköy 的 Ziraat Bank 銀行前的碼頭搭船，船班營運時間為每日09:30～17:00，每半小時有一班出發。請注意，由於登塔船班相關資訊經常出現變動，建議旅人在出發前，先進入少女塔的官方網站，點選「[EN] → [Visit] → [Getting There]」閱讀詳細的船班資訊。

伊斯坦堡　亞洲岸

女兒塔的由來

第一則是曾有一位國王收到算命師的警告，表示他的寶貝女兒會在未來的某一天遭遇毒蛇咬傷而亡，護女心切的國王為了解救這位公主，於是在海中的巨型岩石上建設一座少女塔，並將公主安置在此以提防毒蛇的侵害；不幸的是，儘管保護周全，公主最終仍舊逃不過被毒蛇咬死的命運，這段故事傳說因而流傳至今，這也是少女塔在土耳其文中被稱為「女兒塔」(Kız Kulesi)的由來。

希臘神話的愛情傳說

另一則故事則與希臘神話有關，相傳有位誓言要把一生全都奉獻給女神艾芙羅黛蒂(Aphrodite)的神廟女祭司Hero，因為與追求者Leander相愛而毀去誓言，女神艾芙羅黛蒂為了懲罰違背誓言的Hero，便吹了一陣西風讓每晚從海峽另一端游泳過來與Hero會面的Leander，因看不見火把的指引而在海中溺斃，在得知Leander溺斃後，悲傷的Hero也跟隨他的腳步投海自盡。

後來的人們聽聞這樣的傳說無不為之動容，便在海上建造一座燈塔照亮遠方，讓這世上所有的Hero和Leander都不再迷失方向，並且永遠地相愛下去。作為堅貞愛情的象徵，許多當地情侶會選擇少女塔作為他們的約會地點，因為他們相信——他們的愛情就是Hero與Leander的延續！

伊斯坦堡最高塔，可眺望王子群島

恰姆勒賈電視廣播塔
Küçük Çamlıca TV-Radyo Kulesi

www.camlicakule.istanbul ｜ Küçük Çamlıca Çilehane Yolu Caddesi, Oyma Sokak No:1, Üsküdar／İSTANBUL ｜ +90 216 912 34 00 ｜ 每日10:00～22:00 ｜ 全票900里拉，0～6歲免費 ｜ 搭乘M5地鐵至Kısıklı站，出站後步行約15分鐘 ｜ 1小時

走在歐洲新舊城的海岸邊眺望亞洲岸，一定會看見這座設計奇特、細長高聳的高塔，全名「恰姆勒賈電視廣播塔」，它是伊斯坦堡小恰姆勒賈山丘上的一座電信塔，塔台總高度369公尺，設有觀景台和餐廳，也獲得伊斯坦堡最高建築的稱號。

恰姆勒賈電視廣播塔奇特的外觀設計，塔台下方有間鄂圖曼風格的餐廳，可眺望王子島群

若無登塔計畫，在塔下的步道悠閒散步也別有一番風情，往南方的海邊望去，天氣晴朗時甚至可以看見王子島群的4大主島！

土耳其最大的清真寺

恰姆勒賈清真寺
Büyük Çamlıca Camii

buyukcamlicacamii.com | Ferah Mah, Ferah Yolu Sok, No:87, Üsküdar／İSTANBUL | 24小時開放 | 免費 | 搭乘M5地鐵、渡輪或跨海列車Marmaray至Üsküdar站，出站後前往公車站搭乘15Ç號公車 | 2小時

How to 如何到達清真寺

1 開車至停車場
當地人一般會開車進入清真寺的地下停車場。

2 在地下室先脫鞋
在地下室的入口處先脫鞋，地板上鋪有地毯，這裡沒有腳臭味。

3 搭乘電梯或手扶梯
搭乘電梯直達穆斯林的禮拜殿，方便極了。如果是搭乘遊覽車、公車的遊客，在戶外停車場到清真寺廣場的路上，有手扶梯提供搭乘。

恰姆勒賈清真寺坐落在於斯屈達爾市的山丘住宅區之間，西元2013年動工，落成於西元2019年，它是由兩位女性建築師巴哈·莫茲拉克(Bahar Mızrak)與海莉耶·居爾(Hayriye Gül)設計而成，為一座十分經典的鄂圖曼式建築。

身為土耳其規模最大的清真寺，可容納60,000名信徒同時做禮拜，並且設有博物館、藝廊、圖書館、會議中心以及3,500個停車位的停車場，傳統與現代在此相互交融。

在這裡，旅人可以參觀宏偉的異國建築，眺望伊斯坦堡亞洲岸市區的風景，洗滌和釋放累積已久的身心壓力。

1.恰姆勒賈清真寺壯觀的內殿／2.清真寺牆面裝飾磁磚／3.女性禮拜樓層的樓梯間／4.一起來參觀土耳其最大的清真寺

遠眺蔚藍海景與日落的勝地
恰姆勒賈山丘
Büyük Çamlıca Tepesi

📍Kısıklı Mah, Çamlıca Tepesi, Üsküdar／İSTANBUL｜🕐24小時開放，咖啡館與餐廳每日09:00～23:00營業｜💲免費｜🚇搭乘M5地鐵至Kısıklı站，出站後步行約15分鐘｜⌛1小時

1.帝國蘇丹的後花園，景色果然不同凡響／2.這座山丘是伊斯坦堡賞日落的最佳地點／3,4.山丘上設有販賣部，許多遊客在此野餐

位在伊斯坦堡最高處的恰姆勒賈山丘，距離於斯屈達爾市區僅有4公里，是欣賞日落和賞景的絕佳勝地，其優美景色時常成為土耳其文學作品的靈感來源。

恰姆勒賈(Çamlıca)一詞在土耳其語中意為「松林」，這片地方果真名副其實，滿山的松樹環繞，相對於矗立著高塔的小恰姆勒賈山丘，這裡被當地居民稱作「大恰姆勒賈山丘」。

在過去，它是蘇丹與家人一起打獵、野餐的地方，今天的它則是當地居民和各國遊客最喜歡踏足的自然景點。每年春季來臨，山丘上綻放著色彩繽紛的鬱金香，遠眺可見博斯普魯斯海峽的蔚藍海景，以及日落時跨海大橋上車燈閃爍的迷人氣氛。

伊斯坦堡｜亞洲岸

伊斯坦堡亞洲岸商業及藝文中心

卡德寇伊街區
Kadıköy Sokakları

Kadıköy／İSTANBUL ｜ 按照各家商店、餐廳營業時間而定 ｜ 搭乘M4地鐵或渡輪至Kadıköy站 ｜ 2小時

位在伊斯坦堡亞洲岸西南方的卡德寇伊，自古以來就是亞洲岸人口最密集的一區，面向歐洲岸舊城區的它，早在西元前685年已有希臘人在此定居，之後還有遠方來的波斯人、羅馬人、阿拉伯人都在今日的卡德寇伊一帶活動。由於流動的民族十分多元，卡德寇伊的街道上既有清真寺也有教堂，更在經過現代化的洗禮之後，成為今日伊斯坦堡亞洲岸的商業及藝文中心，深受年輕族群的喜愛。

海達爾帕夏火車站

走在卡德寇伊的海岸旁，會看見遠處有一棟十分特別的褐色建築，它是伊斯坦堡非常著名的海達爾帕夏火車站(Haydarpaşa Garı)，落成於西元1909年，它有可載運火車橫跨博斯普魯斯海峽的火車渡輪，使列車得以連接歐洲岸的錫爾凱吉火車站(Sirkeci Garı)，最終一路駛往法國巴黎。

往亞洲岸的鐵路則可前往位在土耳其中部的首都安卡拉，同時也是知名巴格達鐵路(Bağdat Demiryolu)及希賈茲鐵路(Hicaz Demiryolu)的西部終點站，這兩條鐵路線分別前往伊拉克的巴格達、敘利亞的大馬士革和沙烏地阿拉伯的麥地那。

1

2

104

伊斯坦堡｜亞洲岸

多元文化的藝術街頭塗鴉

走過街道的另一端，就是卡德寇伊當地的主要街區，在這裡旅人可以喝咖啡、吃美食、逛特色十足的服裝店、二手書店，或者看一場電影，也可以到酒吧去體驗當地的夜生活！

此外，當地亦是伊斯坦堡街頭塗鴉的匯聚地，走在包容多元文化的卡德寇伊街道上，經常可見到建築牆面上五彩繽紛的街頭塗鴉，這些作品融合了不同的藝術風格和文化元素，展現出城市的活力與創意，吸引著來自世界各地的藝術愛好者前來探索，細細品味每一幅作品所蘊含的豐富意義。

1.卡德寇伊街道／2.卡德寇伊聚集許多熱愛時尚、藝術文化的年輕人／3.一律前門上車、後門下車的復古電車／4.街頭塗鴉是卡德寇伊近年逐漸發展出來的特色之一／5.卡德寇伊最多的就是咖啡館，各有自己的風格和特色／6.走在午後巷弄裡的人們

105

伊斯坦堡 İstanbul
深度漫遊 ①

走進東方快車終點站，感受上流社會風情

當人們紛紛往藍色清真寺和大巴扎的方向前去，伊斯坦堡金角灣旁的舊城岸上，有座漸漸被遺忘的車站，如果你走近草草一看，你只會看見它自40多年前火車停駛後的沒落，有如一位蜷曲在角落歇息的老婦。

但如果你從光陰的縫裡穿越到過去，你會看見富豪名流在此用餐，等候他們的火車。每天下午4點一到，3天前從巴黎出發的火車將緩緩駛入這座車站——錫爾凱吉火車站，也就是著名的東方快車(Orient Express)終點站。

東方快車的鐵路歷史

西元1883年，由比利時「國際臥鋪車公司」(CIWL)營運的首列東方快車正式行駛，它從法國巴黎東站出發，拉開了歐

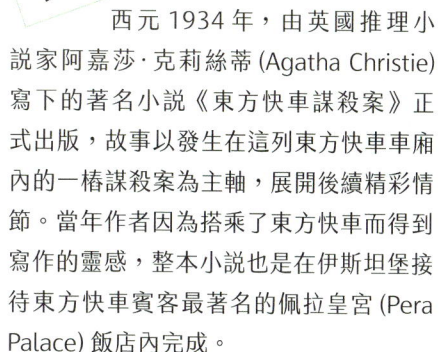

> **東方快車的著名小說**
>
> 西元1934年，由英國推理小說家阿嘉莎·克莉絲蒂 (Agatha Christie) 寫下的著名小說《東方快車謀殺案》正式出版，故事以發生在這列東方快車車廂內的一樁謀殺案為主軸，展開後續精彩情節。當年作者因為搭乘了東方快車而得到寫作的靈感，整本小說也是在伊斯坦堡接待東方快車賓客最著名的佩拉皇宮 (Pera Palace) 飯店內完成。

1.超過百年的錫爾凱吉火車站／2.當年搭乘東方快車的旅客下車的月台／3.伊斯坦堡鐵路博物館內部一景／4.東方快車乘客用餐的餐桌展示／5.歐洲許多近代的火車站，也有與錫爾凱吉火車站相似的建築設計

陸奢華列車之旅的序幕。1890年，伊斯坦堡的錫爾凱吉火車站正式啟用後，才真正寫下鄂圖曼帝國的鐵路歷史，而東方快車自此刻起成為一班直達列車，因為在這之前，乘客們仍需轉乘渡輪和其他火車，才得以抵達伊斯坦堡。

所謂的「東方快車」，意指開往歐洲東方城市伊斯坦堡的列車，而其中「東方」還有一個更深層的意涵——西方通往「伊斯蘭」世界的起點。正是如此的異國氛圍吸引了當時許多歐洲名流貴族踏上東方快車，前往伊斯坦堡一探究竟，因此，錫爾凱吉火車站有著象徵「抵達東方」的重要意義。

當火車一停下，貴族們踏足伊斯坦堡的第一個地方，就是這座結合了鄂圖曼與新巴洛克風格的車站，而他們步出車站的第一眼，是他們對這座伊斯蘭帝國的初步印象。

充滿歷史痕跡的古蹟火車站

20世紀初，隨著第一次世界大戰的爆發，這座車站的存在的確改變了伊斯坦堡的人文風貌，由於它正巧目睹了鄂圖曼帝國的衰落，那些來自歐洲身分似有似無的落難貴族，紛紛來到了伊斯坦堡，身上拖著的是簡陋的行李，和他們夾雜在大環境變動之間的無助和徬徨。

1977年，由於第二次世界大戰帶來的影響以及航空業的興起，最後一列東方快車自巴黎抵達伊斯坦堡的終點站之後，正式宣布停駛。錫爾凱吉火車站也在此後，逐漸沒落，直到2013年伊斯坦堡Marmaray跨海列車站在錫爾凱吉火車站旁正式啟用，才把人們的記憶再次帶回這座充滿故事性的車站。

不可錯過

懷舊火車迷不可錯過的博物館

伊斯坦堡鐵路博物館
İstanbul Demiryolu Müzesi

muzeler.org/istanbul-demiryolu-muzesi--505221 ｜ Hoca Paşa Mah, Ankara Cad, No:113, Fatih／İSTANBU於L ｜ +90 212 520 65 75 ｜ 09:00～17:00 ｜ 週一、週日 ｜ 免費 ｜ 搭乘T1電車或跨海列車Marmaray至Sirkeci站 ｜ 1小時

位在錫爾凱吉火車站內的伊斯坦堡鐵路博物館，與曾經聚集許多名人及作家的東方快車餐廳(Orient Express Restaurant)相鄰，和Marmaray跨海列車站相望，頗具跨越時代的特殊意義。

整座博物館的空間不大，但珍藏和展示了許多土耳其國家鐵路的相關文物，包括吸引不少火車迷、小說迷的東方快車遺物。那是一段真實存在過的歷史，也因為有這座鐵路博物館的存在，讓人們有機會與那個奇幻的時空直接相遇，站在博物館裡，時間彷彿凍結一般，與外頭喧囂的街道形成了隔絕。

1.訴說著土耳其鐵路百年來發展的歷史資料／2.不同年代留下的復古音響和打字機／3.博物館內擺滿了各年代的鐵路文物

伊斯坦堡 İstanbul
深度漫遊 ②

伊斯坦堡｜深度漫遊

融合多元民族，富有藝術感的巴拉特街區

舊城的公車一班又一班地駛離，奔向伊斯坦堡歐洲岸各地而去，在烈日艷陽下，在蔚藍海水旁，其中有幾班公車神祕兮兮，逕自沿著金角灣西岸直直而去，它們的目的地是哪裡？這條路線的盡頭，是個叫作巴拉特(Balat)的街區。

對於整個伊斯坦堡而言，巴拉特是相當有趣的地方。自15世紀以來的鄂圖曼帝國時代，伊斯坦堡居住了許多不同宗教信仰的民族，他們各有自己的社區(Mahalles)，其中，巴拉特就是最有名的非穆斯林社區之一。

當年可以看見波斯人、保加利亞人、阿爾巴尼亞人、希臘人、亞美尼亞人和鄂圖曼土耳其人在巴拉特來往穿梭著。然而，20世紀初，隨著時代走入了以「民族主義」為訴求的共和國，許多非穆斯林居民搬離土耳其，他們的後代如今稱自己為「土耳其人」，並且說著土耳其語。不過，當初的那些猶太會堂、保加利亞教堂卻未曾消失過，它們始終矗立在這片多元而和諧的地方。

文青必訪的打卡景點

巴拉特吸引當地年輕人、藝術家和作家在此佇足。街區內主要有兩條平行街道，外側街道房屋色彩較繽紛，許多古董店、特色小店、咖啡館；內側街道房屋色彩老舊，多作為超市和小商店經營。

其中，最有名的景點是彩虹階梯(Merdivenli Yokuş Tarihi Balat Evleri)和彩虹房屋(Kiremit Caddesi Evleri)，其他深具歷史和宗教意義的景點也非常值得造訪，例如：法納爾希臘正教學院(Fener Rum Lisesi)、學院旁的清真寺，還有公車站附近的保加利亞聖斯德望堂(Bulgar Ortodoks Kilisesi)。

搭乘T5電車至Fener站，或搭36CE、44B、48E、99、99A、99Y號公車至Fener站，到對街從Akçin路進入街區

伊斯坦堡 İstanbul
深度漫遊 3

遇見海上的巴洛克風清真寺

當渡輪航行在湛藍的博斯普魯斯海峽上，微風吹來，白色浪花在船身周圍唰唰作響著，這每一趟航程中，遊客總是被海峽某處的景致深深震懾住，那是邁吉德大清真寺，一座坐落在海岸邊的新巴洛克風格清真寺。

由於它所在的地方叫作「歐塔寇伊」(Ortaköy)，因此，清真寺還有另一個名字——歐塔寇伊清真寺。

歐風清真寺的建造落成

當人們談起邁吉德大清真寺，最直接聯想到的就是出生於西元1823年的蘇丹阿卜杜勒·邁吉德一世(I. Abdülmecid)。這位蘇丹自幼接受歐式教育，能說流利的法語，而教育帶給他的新潮思想便完整體現在1839年登基後，針對帝國當時的

狀況，試圖推行的現代化改革。

1854年，這位作風西化的蘇丹命令興建一座歐風清真寺，設計這座清真寺的建築師就是設計新皇宮朵瑪巴切皇宮的亞美尼亞裔建築師加拉貝特·巴里安(Garabet Balyan)，2年後清真寺落成，驚豔了當時所有遇見它的人。

融合多元文化的清真寺

邁吉德大清真寺是座獨特的新巴洛克式建築，寺內穹頂以精緻的壁畫呈現，有一座水晶吊燈，並採用透明玻璃窗，使得光線得以照入內殿，與窗外的海岸風景相互交映著，而殿內高掛牆上的伊斯蘭書法正是蘇丹阿卜杜勒·邁吉德一世所書寫的作品。

有人説，邁吉德大清真寺是伊斯坦堡最美的風景，幾乎沒有人會否定這件事，因為這座清真寺最可貴的地方，就是它本身是一座融合多元文化的宗教建築，這正是當時蘇丹想推行現代化改革，使各民族擁有平等權利並且在生活中和諧相容的美好精神！

雖然蘇丹已離開人世，但清真寺延續了他的理想。

1.無論在何時，邁吉德大清真寺都十分典雅動人／2.美得不真實的清真寺天花板，殿內懸掛著好幾座閃耀的水晶吊燈／3.歐塔寇伊的商店街

不可錯過

坐落在海邊的古典歐風清真寺

邁吉德大清真寺
Büyük Mecidiye Camii

📍 Mecidiye Mah, Mecidiye Köprüsü Sok, No:1, Beşiktaş／İSTANBUL ｜ 🕓 04:00～22:00之非禮拜時間開放 ｜ 💲 免費 ｜ 🚌 搭乘22、22B、22RE、25E、29D、30D、40、40T、42T、57UL號公車至Kabataş Erkek Lisesi站 ｜ ⏳ 2小時

位在博斯普魯斯大橋下的邁吉德大清真寺，又稱為「歐塔寇伊清真寺」(Ortaköy Camii)，落成於西元1856年，是座新巴洛克風格的清真寺。

清真寺所在地名為歐塔寇伊(Ortaköy)，過去是個簡樸的漁村，人們喜歡前來此地採買及品嘗海鮮，今日的它則成為當地居民在週末時刻的散心首選，也吸引了眾多想一睹歐風清真寺之風采的遊客。

鄰近邁吉德大清真寺的街區，咖啡館、酒吧和餐廳林立，每到週末時刻還聚集了許多街頭藝術家在這裡擺攤，各式手工飾品、藝術創作都可以在歐塔寇伊的假日市集裡找到！

站在海岸邊和清真寺合照一張

伊斯坦堡｜深度漫遊

伊斯坦堡 İstanbul
深度漫遊 4

昔日王子的流放地，今日的島嶼祕境

酷熱的伊斯坦堡夏天裡，港口畔的船鳴、海鷗叫聲以及海浪拍打岸石的聲響交錯著，渡輪站前擠滿了要前往王子島群的人們。每個人衣著輕便、戴上太陽眼鏡、揹著小後背包，彼此嘻笑交談著，不時張望著海的遠處是否有船即將進港，臉上興奮的神情有如藍天的自由與奔放。

王子島群位在伊斯坦堡亞洲岸南方的馬爾馬拉海上，由9座島嶼組成，其中的4座主島皆有人居住、探訪，由西往東分別是克納勒島(Kınalıada)、布加茲島(Burgazadası)、海貝利島(Heybeliada)和大島(Büyükada)。

王室成員的流放地

談起王子島群的歷史，則要回溯至久遠的東羅馬帝國，在

1,2.遠離喧囂，在王子島群上度過一個人的時光／3,4.在島上發現有趣的事物／5.伊斯坦堡居民喜歡到王子島群上，享受夏天的陽光和沙灘

那個遙遠的時代，犯錯的王子會被流放到這些小島上，與繁華的帝國中心隔絕開來，在此靜心反省，因而有「王子島」這樣的名字。後來的鄂圖曼帝國也依循這樣的作法，直至西元19世紀，流放王室成員到小島上的作法，才逐漸暫緩下來。

19世紀中葉後，來自伊斯坦堡的富裕權貴，特別是希臘人、猶太人、亞美尼亞人和部分土耳其人開始買下小島的土地使用權，蓋起屬於自己的夏日度假別墅。一些作家也為了寫作時所需要的寧靜，而搬到小島上專心寫作，過著遠離都市塵囂的純粹生活。

遠離都市塵囂的度假勝地

如今，王子島群是伊斯坦堡人夏日的避暑勝地，人們喜歡在這裡游泳、野餐、騎自行車，讓平日裡的紛紛擾擾在此隨著浪花遠去，完全沉浸在一個能靜心，與內在自我對話的悠閒步調裡。

那些歷史悠久的教堂和清真寺仍然矗立在小島上，在自行車鈴的噹噹聲及馬車的踏踏聲中，隨著時空之河流向未來一端。

不可錯過

當地的避暑勝地

王子島群
Adalar

按照各家商店、餐廳營業時間而定｜從Kabataş、Eminönü或Kadıköy搭乘Şehir Hatları的Adalar Hatları渡輪線前往目標小島｜每座島約3～6小時

位在伊斯坦堡亞洲岸南方海上的王子島群，主要有4座較大的島嶼有人居住，過去作為流放王室成員的它，是今日伊斯坦堡人的避暑勝地。在島上可以騎著自行車四處賞景，還有許多讓人大啖海鮮及道地美食的島上餐廳，絕對可以享受到與伊斯坦堡完全不同的小島風情。

貼心提醒：登島後，以不打擾小島居民的生活為最高原則喔！

在島上散步，處處有美景

道地美食

伊斯坦堡匯集來自土耳其各城市的美食佳餚，從迷人的傳統小吃到創意十足的現代菜餚，每一口皆足以讓人品嘗到這座城市的獨特魅力。不知該從何開始品嘗？現在就跟隨本單元的精選餐廳，一起展開這場味蕾的冒險吧！

精選餐廳

歐洲岸舊城區

正宗美味的土耳其菜

Bitlisli

🌐 www.bitlisli.net｜📍 Hoca Paşa Mah, Hoca Camii Sok, 2B, Fatih/ISTANBUL｜📞 +90 212 513 77 63｜🕐 11:30～23:00｜🚊 搭乘T1電車至Sirkeci站，出站後步行3分鐘

　　想吃正宗的土耳其菜？Bitlisli 都有！他們提供多樣化的餐點選擇，從開胃菜、湯、主餐到甜點，樣樣都美味。他們的服務周到，讓人能夠非常安心地用餐。推薦他們香噴噴、有嚼勁的土耳其烤肉(Kebap)，特別是阿達納烤肉(Adana Kebap)，以及富有特色的船型土耳其披薩(Pide)，常見的口味有肉末(Kıymalı)、肉塊(Kuşbaşılı) 和綜合 (Karışık) 口味。

1.開胃菜和新娘湯／2.美味的土耳其披薩／3.Bitlisli愉悅的用餐環境

歐洲岸 舊城區

道地的土耳其家常菜色

Balkan Lokantası

📍 Hobyar Mah, Ankara Cd, 35A, Fatih/ISTANBUL | 📞 +90 212 514 36 88 | 🕐 06:00～21:30 | 🚇 搭乘T1電車至Sirkeci站，出站後步行3分鐘

舊城區十分受歡迎的自助餐店，每當用餐時間一到，就會出現排隊人潮，它主打道地的土耳其家常菜，以伊斯坦堡的物價而言，每盤菜色的價格相當實惠，自然吸引許多當地民眾和遊客前來用餐。看見豐富的菜色，盡情點餐和

排隊快排到店門外，是這家自助餐館的日常風景

享用吧！

請注意，土耳其家常菜餐館點餐方式是以每盤為單位，而非台灣自助餐店餐盤上的一格，一定要斟酌食量以免造成浪費喔！

歐洲岸 舊城區

一位難求的海景景觀餐廳

Mimar Sinan Teras Cafe

📍 Demirtaş Mah, Fetva Ykş, No:34, Fatih/ISTANBUL | 📞 +90 536 662 03 25 | 🕐 09:00～02:00 | 🚇 搭乘M2地鐵至Vezneciler站，沿著16 Mart Şehitleri街步行，接續Kirazlı Mescit街走至Şifahane街，繞過建築師錫南之墓(Mimar Sinan Türbesi)即可抵達

想要眺望最美麗的伊斯坦堡風景的旅人，一定要來 Mimar Sinan Teras Cafe！他們頂樓露臺的南面有蘇萊曼尼耶清真寺緊靠著，北面有無敵的海峽城市景觀，天氣好時眼前湛藍的海峽與磚紅的屋頂就是一幅無價的畫作。Mimar Sinan Teras Café 營業時間長，建議旅人早上和下午來，點一份土耳其早餐套餐或享用一份午後簡餐，都是不錯的選擇。

請注意，由於用餐人潮眾多，結帳前後務必再次核對價格。

1.靠近陽台邊的位子最熱門，幾乎一位難求／2.美味的雞肉捲餅套餐／3.義大利麵和披薩

伊斯坦堡 道地美食

歐洲岸 舊城區

知名的百年烤牛肉丸老店

Tarihi Sultanahmet Köftecisi Selim Usta

🌐 www.sultanahmetkoftesi.com | 📍 Alemdar Mah, Divan Yolu Cad, No:12, Fatih／İSTANBUL | ☎ +90 212 513 64 68 | 🕙 10:30～22:30 | 🚋 搭乘T1電車至Sultanahmet站

相當知名的餐廳，吸引許多名人前來用餐

位在舊城區Sultanahmet電車站附近的Sultanahmet Köftecisi，是伊斯坦堡非常知名的一家百年牛肉丸老店，他們的菜單只有少數幾樣餐點，但是樣樣皆屬經典！作為這座城市的百年名店之一，價位相較其他一般餐廳更高。推薦旅人品嘗他們肉質Q彈的烤牛肉丸(Izgara Köfte)、香氣逼人的烤羊肉串(Kuzu Şiş)，還有一定要嘗試的特色甜點小麥粉哈爾瓦(İrmik Helvası)，平衡一下味蕾。

亞洲岸

一覽歐洲岸的人氣景觀餐廳

Filizler Köftecisi

🌐 filizler.com | 📍 Harem Sahil Yolu, No:61, Üsküdar／İSTANBUL | ☎ +90 532 298 04 14 | 🕗 08:00～23:00 | 🚋 搭乘M5地鐵、渡輪或跨海列車Marmaray至Üsküdar站，出站後往少女塔方向走10分鐘

Filizler是一家主打土式牛肉丸(Köfte)的餐廳，不僅交通便利，坐在餐廳樓上還能一覽歐洲岸所有景觀。這家餐廳經常在用餐時間客滿，若希望享受到較好的服務品質，或者能夠坐在2樓窗邊座位，請盡量避開12～14點以及18～20點的午晚餐時段。

Filizler有多種牛肉丸可選擇，口感彈嫩，獨特的香料氣息幫它加分不少，建議直接點綜合牛肉丸(Karışık Köfte)，一嘗各種美味，記得再點杯鹹優酪乳(Köpüklü Ayran)搭配，就是最道地的吃法了！

1.Filizler是當地的人氣餐廳，位置特別顯眼／2.博斯普魯斯海峽與歐洲岸古蹟的無敵窗景／3,4.不同美味，一次吃遍

116

亞洲岸 鄂圖曼御廚飄香民間的好味道

Kalkanoğlu Pilavcısı

📍 Osmanağa Mah, Halitağa Cad, No:10, Kadıköy／İSTANBUL ｜ ☎ +90 216 337 30 52 ｜ 🕐 12:00～21:00 ｜ 休 週日 ｜ 🚇 搭乘M4地鐵或渡輪至Kadıköy站，沿著Söğütlü Çeşme街走5分鐘後左轉進Halitağa街，並於第二條岔路時右轉

Kalkanoğlu Pilavcısı 是一家飄香民間170年的飯食餐館，第一代老闆蘇萊曼·阿爾 (Süleyman Ağa) 原先在伊斯坦堡的舊皇宮內擔任廚師一職，擅長烹煮米食和燉菜。西元1853年，克里米亞戰爭爆發時帝國總督任命阿爾去前線為士兵們做飯，戰爭結束後，年屆退休的阿爾在當地開了一家餐館，原本屬於皇宮的好味道便從此飄香民間。

1.賣完就沒了！晚間8點，餐廳迎來最後一組「幸運」客人／2.店內氣氛平靜、愉快／3.點一份綜合餐和鹹優酪乳

如今卡德寇伊 (Kadıköy) 也能品嘗到這個傳承數代的美味了！點餐時可以點綜合口味 (Karışık)，其中有中份 (Orta Boy) 和大份 (Büyük Boy) 之分。

歐洲岸新城區 口味正宗的高評價日式餐廳

Udonya Japanese Restaurant

🌐 udonya.com.tr ｜ 📍 Kocatepe Mah, Topçu Cd, Beyoğlu／İSTANBUL ｜ ☎ +90 212 256 93 18 ｜ 🕐 12:00～14:30，18:30～22:00 ｜ 休 週一 ｜ 🚇 搭乘M2地鐵至Taksim站，沿著蓋齊公園和Recep Paşa街走6分鐘

Udonya 日式餐廳鄰近新城區最熱鬧且知名的塔克辛獨立大街，位於 Point Hotel 這家飯店的1樓。在土耳其吃膩了當地料理，許多來自東亞國家的旅人會選擇到 Udonya 品嘗這熟悉的美味；店員精通英語、日語和土耳其語，菜單上也有圖片和編號，非常方便！推薦親子丼

1.日式什錦燒／2.美味的親子丼飯／3.照燒炸雞丼飯

(Oyakodon) 和醬汁炸雞排飯 (Sauce Chicken Katsudon)。

精選甜點店

蘇丹御用甜品師創始店
Ali Muhiddin Hacı Bekir 1777

www.hacibekir.com | Katip Mustafa Çelebi, İstiklal Cad, No:83, Beyoğlu/ISTANBUL | +90 212 244 28 04 | 08:00～21:00 | 搭乘M2地鐵至Taksim站，出站後往獨立大街步行5分鐘

由糖果師傅 Bekir Efendi 於西元 1777 年創立，從土耳其北部的卡斯塔莫努 (Kastamonu) 來到伊斯坦堡創業之初，他製作出一種當時沒人見過的糖果，這種小而方正的糖被他稱之為「Lokum」，也就是今日土耳其最著名的甜品「土耳其軟糖」。軟糖在極短的時間內從民間傳入王室，糖果師傅 Bekir Efendi 更從此成為蘇丹的御用甜品師！想購買最正宗的土耳其軟糖，找 Ali Muhiddin Hacı Bekir 就對了！推薦的口味有蜂蜜 (Bal)、核桃 (Ceviz)、玫瑰 (Gül) 和石榴 (Nar)。

1.喜愛甜食的人的天堂／2.塔克辛店位在人來人往的獨立大街上／3.也可以在店內享用簡單的甜點

伊斯坦堡的老字號甜點店
HAFIZ MUSTAFA 1864

www.hafizmustafa.com | Hoca Paşa Mah, Muradiye Cad, No:51, Fatih/ISTANBUL | +90 505 158 66 37 | 24小時營業 | 搭乘T1電車至Sirkeci站

創立於西元 1864 年，是伊斯坦堡非常有名的老字號甜點店，其以精緻且多樣化，並且將正宗的土耳其甜點發揮到極致，深受大眾的喜愛。在這裡，旅人可以品嘗各式各樣的土耳其甜點，包括：果仁蜜餅 (Baklava)、米布丁 (Sütlaç)、庫內菲 (Künefe) 等。

1.有品質保證的甜品，吸引許多忠實顧客／2.店外會寫著超級好認的創始年「1864」

精選咖啡館

品嘗咖啡和人情味的人氣咖啡館
STORY COFFEE & FOOD

🔗 www.storyroasters.com ｜ 📍 Caferağa Mah, Dalga Sok, No:22, Kadıköy/ISTANBUL ｜ 📞 +90 530 953 73 79 ｜ 🕘 09:00～23:00 ｜ 🚇 搭乘M4地鐵或渡輪至Kadıköy站，沿著Damga路和Mühürdar街走7分鐘，轉進Tuğlacı Eminbey街後直走5分鐘至Dalga路

STORY COFFEE & FOOD 位在卡德寇伊區一條隱密的小路上，即使經過可能也不會留意到這家人氣咖啡館的存在，走簡約風格的它就是這麼低調和樸實。不同於伊斯坦堡其他咖啡館，在 STORY COFFEE & FOOD 人們品嘗的不只是咖啡，還有互動所帶來的人情味，因此吸引許多數位遊牧工作者前來閱讀和工作。推薦他們的濃縮咖啡 (Espresso) 和特色飲品 (Specialty Drinks) 系列，餐點每天都是新鮮的糕點，也可以請店員推薦喔！

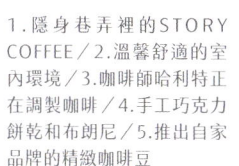

1. 隱身巷弄裡的STORY COFFEE／2. 溫馨舒適的室內環境／3. 咖啡師哈利特正在調製咖啡／4. 手工巧克力餅乾和布朗尼／5. 推出自家品牌的精緻咖啡豆

伊斯坦堡｜道地美食

☕ **Take a Break**

土耳其咖啡粉指定品牌
KURUKAHVECİ MEHMET EFENDİ

土耳其咖啡粉始祖 KURUKAHVECİ MEHMET EFENDİ，創立於西元1871年，是土耳其第一家為客人將咖啡豆磨成粉的咖啡粉專賣店，為大眾帶來的便利性，使得他們迅速展開知名度，成為土耳其遠近馳名的咖啡粉品牌。

🔗 mehmetefendi.com ｜ 📍 Rüstem Paşa Mah, Tahmis Sok, No:66, Fatih／ISTANBUL ｜ 📞 +90 212 444 22 00 ｜ 🕘 08:00～20:00 ｜ 🚇 搭乘T1電車至Eminönü站，下車後步行5分鐘

號稱「土耳其星巴克」的連鎖咖啡館
KAHVE DÜNYASI

www.kahvedunyasi.com | Rüstem Paşa Mah, Asmaaltı Cad, Kızılhan Sk, No:18, Fatih / İSTANBUL | +90 212 520 02 04 | 07:00～19:30 | 週日 | 搭乘T1電車至Sirkeci站，下車後步行10分鐘

擁有「土耳其星巴克」之稱的 KAHVE DÜNYASI，西元 2004 年在伊斯坦堡舊城區的艾米諾努 (Eminönü) 開第一家店，由於他們品質優良的咖啡和巧克力，使他們穩坐土耳其連鎖咖啡館品牌的寶座，多年來在土耳其和其他國家已開設超過 200 家分店。

除了咖啡，也推薦蘭莖肉桂奶飲 (Salep)，以及各種特色巧克力！

1,2.店內商品琳瑯滿目，巧克力和咖啡商品最受歡迎／3.蘭莖肉桂奶飲

適合甜點控的午茶咖啡館
VİYANA KAHVESİ

www.viyanakahvesi.com.tr | Bereketzade Mah, Büyük Hendek Cad, No:19A, Beyoğlu / İSTANBUL | +90 552 416 18 00 | 07:00～01:00 | 搭乘M2地鐵至Şişhane地鐵站，出站後往加拉達塔方向步行5分鐘

甜品控來到伊斯坦堡，想在喝咖啡時，也品嘗各式各樣的甜品，那值得推薦的咖啡館便非這家莫屬了！VİYANA KAHVESİ 擁有簡約而明亮的室內環境，多元的下午茶點心選擇，非常適合好友的聚會聊天，共同度過一個美好的下午。不只加拉達塔 (Galata Kulesi) 旁有一家，亞洲岸的卡德寇伊 (Kadıköy) 和其他地區也有分店喔！

1.享用一杯令人愉悅的咖啡／2.超多咖啡和甜點選擇

伊斯坦堡｜道地美食

品嘗咖啡和人情味的人氣咖啡館
KATİBİM Nargile Cafe & Restaurant

🔗 www.katibim.com.tr｜📍 Mimar Sinan Mah, Üsküdar Harem Sahil Yolu, No:53, Üsküdar／İSTANBUL｜📞 +90 216 310 90 80｜🕐 週日～四08:00～02:00，週五～六08:00～03:00｜🚇 搭乘M5地鐵、渡輪或跨海列車Marmaray至Üsküdar站，出站後往少女塔方向走3分鐘

KATİBİM 是於斯屈達爾最受歡迎的咖啡水煙館，用餐空間寬敞、環境舒適，餐點和飲品十分精緻且選擇多樣化，坐在 2 樓靠窗的位置還可以眺望著名的謝姆西帕夏清真寺 (Şemsi Paşa Camii) 和遠方的博斯普魯斯跨海大橋，景觀十分優美。除了各式餐點和飲品之外，若要抽水煙務必事先告訴服務生，因為餐廳內有分水煙區和非水煙區喔！

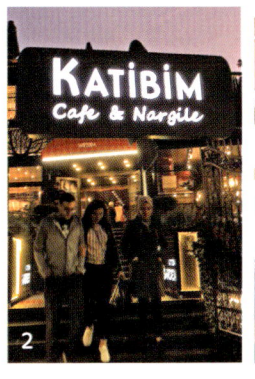

1,3.多樣化的餐點／2.引人注目的KATİBİM大招牌／4.可眺望著名清真寺與跨海大橋

舊市政廳改造的市民圖書咖啡館
Nevmekan Sahil

🔗 tesislerimiz.uskudar.bel.tr/tr/main/pages/nevmekan-sahil/157｜📍 Aziz Mahmut Hüdayi Mah, Şemsi Paşa Cd, No:2, Üsküdar／İSTANBUL｜📞 +90 216 531 30 00｜🕐 09:00～23:00｜🚇 搭乘M5地鐵、渡輪或跨海列車Marmaray至Üsküdar站，出站後往少女塔方向走3分鐘

1.Nevmekan Sahil室內環境／2.CP值高的餐點

Nevmekan 隸屬於伊斯坦堡於斯屈達爾 (Üsküdar) 市政府，在市內有多家分館，皆由舊皇宮及舊浴場改建而成，為古蹟再造計畫的一部分。Nevmekan Sahil 分館，則位在於斯屈達爾海岸旁，由舊市政廳改造而成，原本的目標是開放給市民作為圖書咖啡館之用，後因其美觀明亮的室內設計、價位便宜的餐飲和優良的服務態度，吸引了許多旅人造訪此地，如今成為當地的「排隊名店」。推薦奢華早餐套餐 (Serpme Kahvaltı)、綜合吐司盤 (Karışık Tost)、脆皮炸餃子 (Kızarmış Çıtır Mantı) 和雞／牛切克梅烤肉 (Tavuk/Dana Çökertme Kebabı)。

住宿推薦 HOTEL

歐洲岸舊城區
White House Hotel Istanbul

www.istanbulwhitehouse.com | Alemdar Mah, Çatalçeşme Sk, No:21, Fatih/İSTANBUL | +90 212 526 00 19 | 搭乘T1電車至Sultanahmet站

位於歷史悠久的舊城區，步行即可抵達聖索菲亞清真寺、藍色清真寺、托普卡普皇宮、香料市集等重要地標。建築融合東西方文化，外觀按照羅馬建築概念設計而成，室內設計則採用鄂圖曼建築的古典風格，為房客帶來現代豪華的住宿氛圍。

歐洲岸舊城區
Romance Istanbul Hotel

www.romanceistanbulhotel.com | Hocapaşa Mah, Hüdavendigar Cad, No:5, Fatih/İSTANBUL | +90 212 512 86 76 | 搭乘T1電車至Gülhane站

位置絕佳且交通便利，步行7分鐘可抵達聖索菲亞清真寺和藍色清真寺。房間以鄂圖曼皇宮為概念設計而成，每間房牆上皆掛置一件鄂圖曼蘇丹的護身襯衣，象徵帶來財富、和平和幸福，非常適合喜愛歷史文化的旅人。

歐洲岸舊城區
Neorion Hotel

www.neorionhotel.com | Hoca Paşa Mah, Orhaniye Cd, No:14, Fatih/İSTANBUL | +90 212 527 90 90 | 搭乘T1電車至Sirkeci站

致力於帶給旅人家的感受，提供旅途上的必要協助，飯店以鄂圖曼古典風迎接住客，附設游泳池、土耳其浴室、桑拿室、人文圖書館等場所，房間整潔舒適，深受旅人熱愛。

歐洲岸新城區
Midtown Hotel Istanbul

www.midtown-hotel.com | Kocatepe Mah, Lamartin Cd, No:13, Beyoğlu/İSTANBUL | +90 212 361 67 67 | 搭乘M2地鐵至Taksim站

位於新城市中心，是土耳其唯一一家符合品質、客戶滿意度、環境管理和食品管理方面最新 ISO 標準的4星級飯店，地理位置優越，步行即可抵達地鐵和其他大眾運輸工具，遊覽伊斯坦堡非常方便。

歐洲岸新城區
Union Hotel Karaköy

www.unionotel.com | Azapkapı Mah, Tersane Cd, No:70, Beyoğlu/İSTANBUL | +90 531 968 88 97 | 搭乘T1電車至Karaköy站，出站後步行8分鐘

位在新城區鄰近海岸的街道上，前往舊城區或亞洲岸都十分便利，採現代簡約風，部分房型可眺望金角灣和加拉達橋，深獲好評。

歐洲岸新城區
Hamamhane Hotel

www.hammamhane.com | Firuzaga Mah, Çukurcuma Cad, No:45, Beyoğlu／İSTANBUL | +90 530 844 21 91 | 搭乘M2地鐵至Taksim站，出站後步行10分鐘

　　位在純真博物館附近，步行至獨立大街和塔克辛廣場只需約10分鐘，交通便利外，也可體驗伊斯坦堡最熱鬧的都會生活，飯店風格簡約鄉村，提供房客道地且精緻的土耳其早餐。

亞洲岸
May Otel Üsküdar

www.mayoteluskudar.com | Sultantepe Mah, Selman Ağa Çeşme Sk, No:29, Üsküdar／İSTANBUL | +90 216 334 34 01 | 搭乘M5地鐵、渡輪或跨海列車Marmaray至Üsküdar站，下車後步行5分鐘

　　體驗伊斯坦堡亞洲岸道地生活的最佳旅館，位在於斯屈達爾海岸市區最顯著的位置，步行即可抵達碼頭、少女塔、著名餐廳，前往歐洲岸新舊城都很方便，價位較歐洲岸飯店實惠。

亞洲岸
LOKA SUITES

www.lokasuites.com | Caferağa Mah, Serasker Cad, No:20, Kadıköy／İSTANBUL | +90 216 338 28 58 | 搭乘M4地鐵或渡輪至Kadıköy站，沿著星巴克旁小路直走到底左轉後第一個路口

　　旅館位在亞洲岸交通便利、位置絕佳的地方，附近聚集各式餐廳、咖啡館和商店，房間簡約、乾淨、舒適，也有提供土耳其早餐，對於想省下住宿費的旅人，這裡是不錯的選擇。

Tips 伊斯坦堡住宿選擇建議

　　伊斯坦堡的住宿選擇相對其他城市更為多樣，從豪華飯店到經濟型旅館應有盡有。對於想體驗歷史風情的旅人，舊城的蘇丹艾哈邁德區(Sultanahmet)是最佳選擇，這裡靠近藍色清真寺、聖索菲亞清真寺等著名景點。如果喜歡購物和夜生活，可以選擇塔克辛(Taksim)獨立大街一帶，這裡聚集了多元化的餐廳和各家潮流品牌。

　　若想穿梭於歐洲岸舊城、新城和亞洲岸，那麼卡拉寇伊(Karaköy)是另一個受歡迎的地區，融合傳統與現代的氛圍，來往各區交通十分便利，由於鄰近加拉達塔周邊，特別適合喜愛藝術和設計的旅人。

伊斯坦堡　住宿推薦

旅行故事

喧鬧與寂靜交織而成的
伊斯坦堡

Stories

伊斯坦堡，是多彩的，也是黑白的；是喧鬧的，也是寂靜的；是甘甜的，更是苦澀的。

　　她是一座懂得如何展現自己的城市，從歐洲岸舊城的聖索菲亞清真寺、藍色清真寺、有頂大市集，到新城的加拉達塔、朵瑪巴切皇宮、邁吉德大清真寺，再到亞洲岸的少女塔和王子島群，有如一位舞姿動感迷人的舞孃，前來觀賞的人們都為她的風情讚嘆不已。

　　然而，她卻也與憂傷共存，兩千多年以來，鑲嵌在城市表層上那美麗而繽紛的色彩，不過是為了掩飾一段又一段歷史衝擊下，她堅韌不拔的神情與淚水。只有真正深入伊斯坦堡的人，才會明白她那獨有的氣質中所散發的勇敢與堅強，她在風和雨的世界裡，為城裡的人們撐起一片能夠擁抱安心的地方。

1

2

3

124

從過去旅行者到現在的居民生活

過去,身為旅人,她總是有意無意地召喚著我,在我的回憶中有一幅至今依然難忘的景象,那是第一次來到伊斯坦堡,搭乘往返歐亞洲的渡輪上。傍晚6點多,我與當地的通勤族肩並肩坐著,尷尬之下我們只好望著天空,而那天的伊斯坦堡天空隨性又瘋狂,彷彿真的被施了魔法,在一片紫紅的晚霞下,船上的人們無不驚嘆著。而我則問自己:「這樣的地方,要我如何離開?」那一場召喚奏效了。

現在,作為居民,我在伊斯坦堡的每一個角落都留下了屬於自己的回憶,成為我生命中最精采的一部分。感謝我的先生塞爾(Serhat)的一路相伴,帶我領略人生中的真實、善良與美好。

同樣佇足在伊斯坦堡的風景中,你在她的世界裡,瞥見了什麼樣的故事,留下了什麼樣的回憶呢?願你,在我所居住的這座城市的天空下、海面上、山丘上、石板路上,也能感受到與我同樣的愜意及幸福。

1.巴拉特街道上的一扇門/2.在聖索菲亞大教堂留下美好的回憶/3.來到「愛貓之城」伊斯坦堡,隨處可見貓咪歇息/4.博斯普魯斯海峽風景/5.參觀清真寺

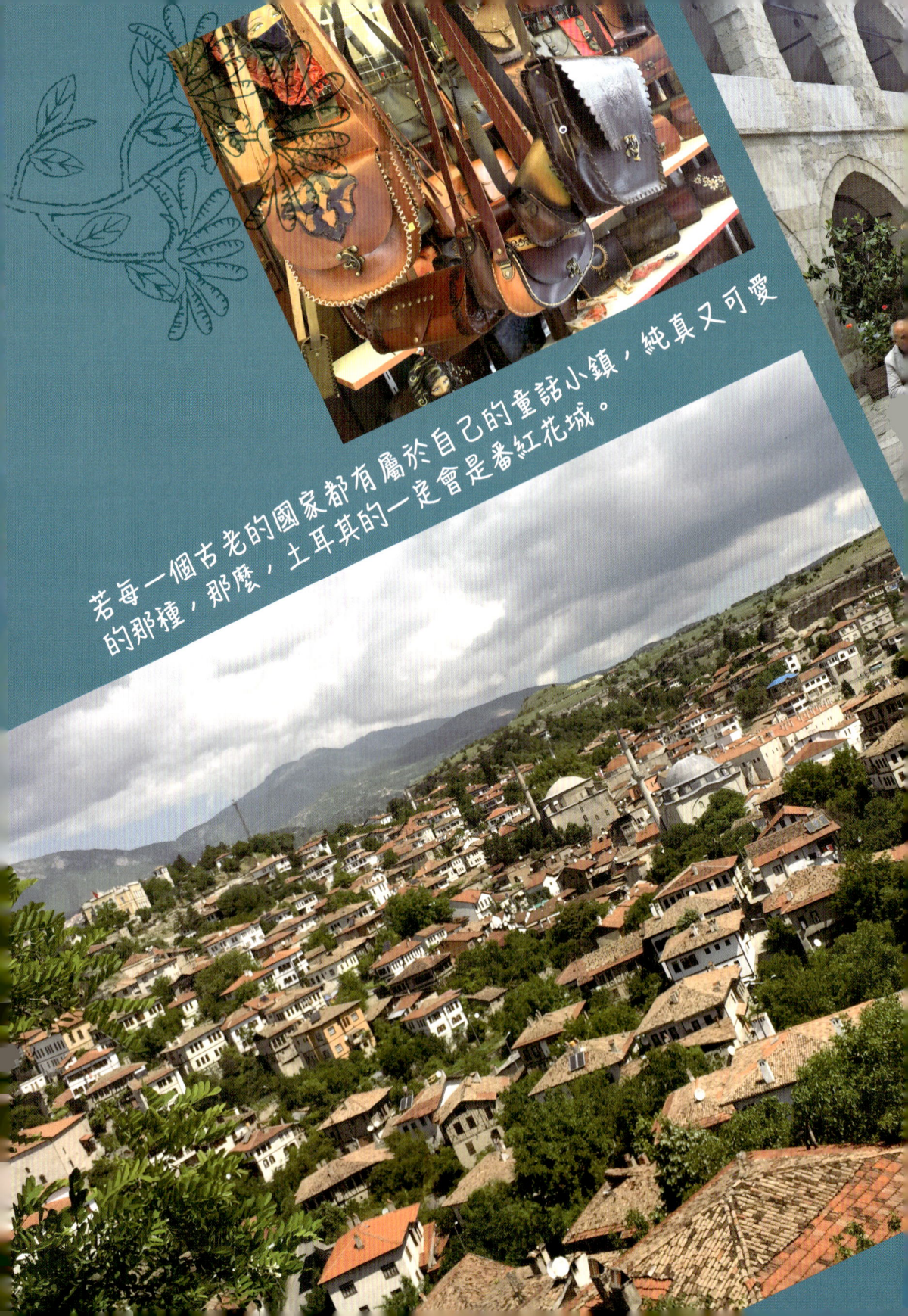

若每一個古老的國家都有屬於自己的童話小鎮，純真又可愛的那種，那麼，土耳其的一定會是番紅花城。

番紅花城

SAFRANBOLU

走進一幢幢鄂圖曼建築的童話小鎮

番紅花城
SAFRANBOLU

番紅花城

番　紅花城地處土耳其北部的黑海地區，自西元13世紀開始就是東西方商隊在絲路上必經的城鎮，商隊驛站、公共澡堂和清真寺因有其需求而建造，古鎮的故事也從此開啟了屬於自己的篇章。

　　西元17世紀，這座小鎮正式邁入黑海貿易的鼎盛時期，熱絡的貿易交流，使它成為種植及買賣番紅花的主要地區，後來人們以這種花為小鎮命名，而「番紅花城」成為了它永恆的名字，讓這地方多了一些浪漫、幾分可愛，也使它不因財富的流入而顯得俗氣。

　　黑海貿易的歷史在番紅花城深刻地烙印了下來，如今矗立古鎮各個角落那一幢幢的鄂圖曼宅邸就是最好的見證，保存完好的私人博物館，有如這座童話小鎮裡的一條時光隧道，讓旅人有機會回到過去，一窺當時富裕人家生活的情景。

　　現在，番紅花城最具價值的，不再是那個被人們稱為「最昂貴香料」的番紅花，而是這座古鎮如同魔法般，讓人與過去的時空相遇的能力。

番紅花城地圖

1.視野極佳的景色／2.小鎮的街上，旅人和當地人交互穿梭著／3.布拉克洞穴，有著如地獄一般的場景／4.玻璃景觀臺上，俯瞰美景／5.各式各樣的特色紀念品

129

番紅花城交通資訊

從伊斯坦堡或其他城市出發前往番紅花城的主要交通方式有3種，金錢換時間，或者時間換金錢，以下以伊斯坦堡作為出發地為例：

國內班機

從伊斯坦堡機場(IST)搭國內線班機前往宗古爾達克(Zonguldak)的恰伊朱馬機場(ONQ)，再從該機場搭飯店接駁車、小巴士或計程車前往番紅花城舊城區(Safranbolu Eski Çarşı)，旅行總時數約4小時。

搭長途巴士

從伊斯坦堡的巴士總站搭長途巴士前往番紅花城巴士總站(Safranbolu Otogar)，Kamil Koç、Metro這些巴士公司都有前往番紅花城巴士總站的班次，抵達番紅花城巴士總站後，再從車站搭小巴士前往番紅花城舊城區(Safranbolu Eski Çarşı)，旅行總時數約7小時。

租車自駕

從伊斯坦堡當地租車，自駕至番紅花城舊城區(Safranbolu Eski Çarşı)，旅行總時數約5小時；若對土耳其公路路況不熟悉則不建議自駕旅行。

前往郊區

番紅花城主要的景點皆位在舊城區內，只要飯店離舊城區不遠，或者就在舊城區內，基本上都是步行可到達的距離。

若要前往其他郊區景點，例如：古老的布拉克洞穴(Bulak Mencilis Mağarası)和著名的玻璃觀景臺(Kristal Cam Teras)，則建議提前一天透過飯店預訂可信任的計程車作為私人司機進行遊覽，談好景點、時程、價格即可開心出發！

如有把握在土耳其自駕，自行在當地租車，以自駕方式旅遊番紅花城的郊區也是個非常方便的選擇。

Tips　請飯店安排接駁車

無論是要回伊斯坦堡或者前往下一個目的地，都必須從舊城區回到恰伊朱馬機場或是番紅花城巴士總站，這部分方便的話，盡量請飯店幫忙，由免費接駁車接送、幫忙預訂計程車，或是指引最近的小巴士乘車點，在行程上更為安全且有效率，以免耽誤下段行程。

前往較遠的地方可在小鎮的公車站搭車

| 必遊景點探訪 |

安納托利亞高原最接近地獄的地方

布拉克洞穴
Bulak Mencilis Mağarası

www.bulakmagarasi.com｜ Mencilis Mağara Sok, Başköy Köyü／KARABÜK｜ +90 370 712 38 63｜ 08:00～20:00，冬季可能提早關閉｜ 前400公尺100里拉｜ 舊城區西北方6公里處｜ 1小時

位番紅花城西北方6公里處的布拉克洞穴，是土耳其的四大鐘乳石洞之一，據傳至今已有2億年的古老歷史，是遊玩番紅花城的旅人都容易忽略，但事實上是個相當精采、具可看性的景點。

歷經數萬年的鐘乳石洞

布拉克洞穴全長6公里，但是目前開放參觀的長度只有前400公尺，洞穴的內部環境是由有如垂滴冰柱的「鐘乳石」、從地面上冒出來的「石筍」和連接鐘乳石與石筍的「石柱」所構成。無論形狀如何，它們都是一種碳酸鈣沉澱物，必須花上數萬年才得以形成今日的樣貌，這正是鐘乳石洞珍貴之處。

讓人升起一股寒意的布拉克洞穴，溫度常年保持在涼爽的攝氏12～15度之間，看上去有些驚悚，又經常會遇見歇息中的蝙蝠，它的環境具備足夠的隱密性，再加上其冬暖夏涼的特質，過去其實是當地盜賊的藏身之處，但如今，在嚴密的管理之下，它已是造訪番紅花城的旅人必訪的景點之一。

1.前往布拉克洞穴的路上，環境一片翠綠／2.洞穴裡溫度涼爽，加件外套再進去探險／3.幽靜小鎮幾公里外的布拉克洞穴，有著如地獄一般的場景／4.洞穴內外是兩個完全不同的世界

眺望番紅花城舊城區的指標景點

赫德爾勒克山丘
Hıdırlık Tepesi

safranboluturizmdanismaburosu.ktb.gov.tr | Çeşme Mah, Safranbolu／KARABÜK | 08:00～00:00 | 20里拉 | 由Naip Tarlası路往山丘上走，經Celal Bayar街轉Hıdırlık路即可抵達入口處 | 1小時

　赫德爾勒克山丘位在番紅花城舊城區東南方，它不僅承載著土耳其人移民的歷史，更是城鎮精神與文化的象徵。它除了是當年移居至番紅花城的土耳其人最早的生根之地，民眾也時常在這座山丘上進行祈雨儀式以及其他慶典活動，因為那不僅是整座城鎮的最高處，也是當地離天空最近的地方。

　赫德爾勒克山丘成為連接著人與自然、人與信仰的橋樑，凝聚了整個社區的情感與期盼。

爬上山頂，眺望整座古城的獨特魅力

　雖然爬上山丘大約耗時30分鐘，但它是唯一可以觀賞到整座鄂圖曼城鎮風貌的位置，想拍攝這個西元1994年被聯合國教科文組織(UNESCO)列入世界文化遺產古城的經典照片，絕對不可錯過這裡！

　天氣晴朗時，站在山頂，眺望遠方，便可體會這座古城展現的獨特之美。從磚紅色的屋頂到清真寺的尖塔，每一處都彰顯著鄂圖曼風格的建築魅力，它們之中有當年的富裕人家所蓋起的宅邸，有鎮上的公共澡堂，也有當地著名的穆罕默德帕夏清真寺(Köprülü Mehmet Paşa Camii)，還可以看見古代絲路上必經以及停靠的俊吉驛站(Cinci Hanı)。

宛如在世外桃源享受片刻的寧靜

遠遠看番紅花城有如一座人人追尋的童話小鎮，卻又像是個被時代所遺忘的世外桃源，用自己的步調活在屬於自己的世界裡。它宛如一幅畫，將人們帶回過去的輝煌歲月，感受到城市的生機和文明，而在這個快節奏的現代社會中，赫德爾勒克山丘成了一個寧靜的避風港，來到這裡的人們無不放慢腳步，沉浸在這片懷舊之中，徜徉在內心深處的平靜。

1.自山丘上眺望這座可愛的小鎮，風景非常優美／2.站在山丘上可看遍番紅花城著名建築／3.爬上山丘，很難不注意到這架退役的軍機，大家爭著和它拍照呢

悠久歷史的古絲路驛站

俊吉驛站
Cinci Hanı

🌐 www.kulturportali.gov.tr/turkiye/karabuk/gezilecekyer/cinci-hani ｜ 📍 Çeşme Mah, Cinci Han Sok, No:10, Safranbolu／KARABÜK ｜ 📞 +90 370 712 06 90 ｜ 🕐 24小時營業 ｜ 💲 免費 ｜ 🚶 近 Köprülü Mehmet Paşa清真寺 ｜ ⏱ 0.5小時

這座建於西元1645年的歷史建築，承載著番紅花城的悠久歷史與文化，其建築風格和獨特功能使其成為當地最著名的地標之一，吸引著許多旅人及歷史愛好者前來探訪。

古絲路時代，商人往來之地

據傳，俊吉驛站的建築師是Kazım Ağa，雖然確切的資訊已不可考，但這座建築的精良工

過去迎接了無數來自各地商人的驛站，完好保存至今

番紅花城　必遊景點探訪

133

藝和氣勢的外觀，無疑是當時建築工匠的傑作之一，俊吉驛站共有兩層樓，63間客房。

在古絲路時代，俊吉驛站是商隊必經之地，它曾經為來往的商人遮風避雨，提供商人在此休憩，交換貨物和各道消息，講述絲路上的冒險故事。然而，隨著歷史的變遷，絲綢之路最終在西元19世紀末開始沒落，俊吉驛站經歷了從商隊驛站到商用倉庫，再到西元20世紀末觀光產業發達後，現在成為特色旅館的巨大轉變，見證著番紅花城從繁榮到蕭條，並再度復興的歷史軌跡。

體驗古老驛站的歷史情境

在一番重新整頓之下，如今，走進俊吉驛站的庭院，彷彿穿越了時空隧道，回到300多年前的繁華時光，在這裡旅人可以想像當時商隊的熙熙攘攘的景象，人群從四面八方匯聚於此，交易各種貨物和大量的消息。

現在的俊吉驛站，已經搖身一變，成為一個寧靜的歇息場所，供旅人們感受古老的氛圍，體驗過去的生活方式。或許，在這裡住上一晚，喝一杯土耳其咖啡，細細品味著傳統，便能置身於歷史的長河之中，深刻感受古老驛站那由歷史氣息與文化底蘊所築起的獨特魅力。

1.據傳古代商人的駱駝和馬晚上會在這水池旁休息、喝水／2.藏到立牌後面，拍一張偽古人照片／3.俊吉驛站屋頂上的風景宛如一幅鄉村畫作

俯視鬼斧神工的托卡特峽谷
玻璃觀景臺
Kristal Cam Teras

- www.karabuk.gov.tr/safranbolu-cam-teras
- İncekaya Cad, Tokatlı Köyü／KARABÜK
- +90 370 725 19 00
- 09:00～22:00
- 20里拉
- 舊城區北方4公里處
- 0.5小時

番紅花城舊城區北方4公里處是托卡特峽谷(Tokatlı Kanyonu)的所在地，作為大自然的奇蹟，這裡擁有十分迷人壯觀且綠意盎然的自然風景，這個以峽谷為主體的自然公園吸引了許多遊客前來探訪。

為了創造出更好的賞景視野和旅遊品質，當地政府在峽谷壁上建造了一座扇形的玻璃觀景臺，觀景臺面以厚實的鋼化玻璃建造而成，堅固耐用，共可承重75噸，提供旅人一個安心全方位欣賞大自然鬼斧神工的場所。

百年歷史的水道橋

在玻璃觀景臺的不遠處，還有一座擁有400多年歷史的鄂圖曼水道橋(İncekaya Su Kemeri)，橋身由6個拱形的石柱撐起，全長達116公尺。雖然經歷了風雨侵襲和年久失修，目前已關閉，但其宏偉的建築依舊吸引著遊客的目光，讓人不禁對歷史的沉澱和文明的傳承感到驚嘆。

然而，在欣賞美景的同時，也應當隨時保持警覺，格外注意自身安全，避免推擠和奔跑，讓我們以尊重自然、保護環境的態度，一起平安和諧地享受這片大自然的美麗吧！

1.歷史久遠的水道橋，可惜不開放／2.幫遇見的旅人合照一張／3.玻璃景觀臺上非常壯觀難忘的風景／4.站在玻璃景觀臺上請注意自身安全，緊握欄杆、勿推擠

番紅花城　必遊景點探訪

番紅花城 Safranbolu
深度漫遊 ①

以番紅花為名的鄂圖曼古鎮

番紅花城，作為保存最完整的鄂圖曼小鎮，以古色古香的宅邸與寧靜的氛圍聞名於世，當地有一種特別的體驗，叫做「時光倒流」。

鋪上磚紅屋頂的宅邸，一幢幢坐落在海拔485公尺的山坡地上，人們稱這裡為「番紅花城」。有人說，番紅花城要遠遠地欣賞，才能感受到這座保存最完整的鄂圖曼古鎮的魅力；同時，也要近近地探索，才可體驗到這座看似靜謐的小鎮其實也有跳動般的活力。

西元17世紀，由於絲路的繁榮且發達，為黑海地區帶來蓬勃的交流與貿易，富裕的商人家族開始在這座夏季炎熱、冬季寒冷的城鎮郊區種植番紅花，它因而成為番紅花的貿易中心，隨之獲此地名。

1,2.番紅花城一直是熱門的旅遊景點，每到假日便人潮擁擠

番紅花城｜深度漫遊

跟黃金一樣昂貴的「紅金」

珍貴的番紅花需要種植者投入大量的體力、時間和心力培養和獲取它，不僅種植難度稍高，還需要寬闊的土地面積和充裕的人力資源，才得以擁有可觀的作收。若以重量衡量它，番紅花必是穩坐「世界上最昂貴的香料」的寶座，在過去，它的價格更可比擬黃金，有人因此稱它為「紅金」。

愛美是人性，其實，早在3,000年前地處亞、歐、非洲的貴族已知運用番紅花作為染料，漂染出一件件美麗的金黃衣裳，古代亦有王室取它沐浴，好讓芬芳的氣息長時間停留在身上。美麗的意志未曾在人類的腦海中褪去，再加上它的取得不易，從古至今，人們無不小心翼翼的呵護及使用番紅花。

獨特風味的番紅花特色料理

如今，當地種植番紅花的面積已不如從前，但這座以番紅花為名的古鎮宛如凍結在時空中，將古色古香的鄂圖曼建築完整地保存下來，吸引了無數來自世界各地的旅人，也讓番紅花有機會以不同的方式呈現在人們眼前。

談到番紅花的用途，它的用法十分多元，既可用來沖茶和咖啡，以提升飲品的香氣，也可加入各式佳餚中，變身一道創意料理。在番紅花城，幾乎每家餐廳都會推出番紅花的特色料理，一定要趁旅遊期間大膽嘗試一番喔！

不可錯過

穿梭在紅磚民宅的鄂圖曼老建築

番紅花城舊街區
Safranbolu Eski Çarşı

[http] safranbolu.bel.tr ｜ 按照各家商店、餐廳營業時間而定 ｜ 見P.130 ｜ 3小時

西元1994年，番紅花城被聯合國教科文組織(UNESCO)列入世界文化遺產，古鎮上除了上百幢的鄂圖曼建築值得一看之外，舊街區的商店也處處充滿了奇趣，咖啡館、餐廳、香料店、乾果店、手工皂店、皮革店、古玩店和紀念品店，每一家都是鎮上人家用心經營的可愛店鋪。

1.街上的店鋪裡，陳列著各式各樣的紀念品、生活用品和番紅花／2.土耳其傳統藝術濕水拓畫／3.小鎮上經營伴手禮店的老爺爺

道地美食

番紅花城的餐廳或許沒有大城市來得精緻高檔，然而在這裡，旅人卻能穿越時光隧道，品嘗到最傳統道地的料理，吸吮出最樸實又正宗的鄂圖曼風味。

土耳其家鄉味的平價料理
Zencefil Yöresel Restaurant

Zencefil Yoresel | Çeşme Mah, Cinci Han Arkası Sok, Safranbolu／KARABÜKK | +90 370 712 51 20 | 09:00～22:00 | 俊吉驛站後側路上

這家餐館位在舊城區中心，步行即可抵達、非常便利，想品嘗土耳其媽媽做的道地料理和家常菜，這裡是最平價又美味的最佳選擇！推薦他們的土式餡餅(Gözleme)、獨家土式餃子(Zencefil Özel Mantı)、翻炒牛／羊肉飯(Saç Kavurma)和牛肉小麥粥(Etli Keşkek)。

食材新鮮、做法道地的美味料理

番紅花城的百年咖啡館
ARASTA KAHVESİ 1661

erbilhoca78 | Çeşme Mah, Celal Bayar Cd, Safranbolu／KARABÜK | +90 370 712 20 65 | 24小時營業 | 往Arasta Çarşısı市集街道走到底

適合三五好友聚餐的宅院
TAŞEV RESTAURANT

www.tasevsanatvesarapevi.com | Musalla Mah, Hıdırlık Ykş. Sk, No:14, Safranbolu／KARABÜK | +90 370 725 53 00 | 10:00～00:30 | 週一 | 鄂圖曼市長官邸旁

自1661年營業至今，是土耳其最早的咖啡館之一。土耳其人於17世紀初將咖啡和咖啡館文化傳入歐洲，因此，歐洲在1650年代後才可見到咖啡館的身影，Arasta咖啡館的創立年分則早於歐洲許多咖啡館。在這裡可以喝咖啡、吃晚餐，同時欣賞一段精采的樂器表演。

位在舊城區中心的這家餐廳，環境舒適、氣氛優美，是非常適合親朋好友聚在一起享受美食與葡萄酒的宅院。除了提供美味的餐點，服務生貼心周到的服務以及現場音樂表演也是顧客回訪的原因之一。推薦晚餐時間到這裡用晚餐、品美酒。

住宿推薦 HOTEL

Cinci Han Hotel

🌐 www.cincihanotel.com ｜ 📍 Çeşme Mah, Cinci Han Sok, No:10, Safranbolu／KARABÜK ｜ ☎ +90 370 712 06 90 ｜ 🕌 近Köprülü Mehmet Paşa清真寺

番紅花城古驛站翻修而成的旅館，俊吉驛站是當地歷史最悠久的住宿地點，位在舊城區中心，步行即可抵達舊城各地景點，位置絕佳且十分便利；旅館的房間充滿濃厚的鄂圖曼氣息，還可體驗古代絲路商人在此住宿的情景。

1.Cinci Han Hotel庭院廣場一景／2.可在驛站走廊上享用晚餐／3.俊吉驛站充滿歷史感的大門

Dadibra Konak Hotel

🌐 www.dadibrakonak.com ｜ 📍 Akçasu Mah, Altuğ Sok, No:21, Eski Çarşı Safranbolu／KARABÜK ｜ ☎ +90 370 712 10 20 ｜ 🕌 近Dağdelen清真寺

Dadibra 是當地人皆稱讚，且品質掛保證的民宿，它是番紅花城最熱門的住宿地點，也是當地最有文化氣息的鄂圖曼宅邸。民宿以鄂圖曼時代的鄉村風格為主，庭院和室內的布置都充滿了女主人的巧思，房間乾淨舒適，民宿主人的服務周到，道地而豐盛的傳統土耳其早餐真會讓人捨不得離開餐桌呢！

1.帶有鄂圖曼元素的傳統床鋪與房內一景／2.Dadibra Konak Hotel建築外觀／3.室內一景與鄉村風格的室內擺設和裝飾／4.道地且豐盛的土耳其鄉村早餐

番紅花城｜道地美食・住宿推薦

139

旅行故事

體驗被世界遺忘的
自由及恬適

Stories

也許你和我一樣，在計畫番紅花城之旅的時候，對它所抱持的期待並不如伊斯坦堡或卡帕多奇亞那麼高，卻在小巴士隨山路顛簸著緩緩駛入，真正抵達這座磚紅古鎮之際，心中忍不住吶喊了一聲「哇～」，「我終於親眼見到傳說中的番紅花城了！」

番紅花城的歷史沒有伊斯坦堡那般悠久，地景也未如卡帕多奇亞來得壯闊，攤開旅遊書，紙頁上的番紅花城總是容易被忽略，因為圖片上的它，遠遠不及親眼所見來得有風采。那個真實的它，著實能以迷人可愛，說不完的形容詞及特質震懾住每個旅人的內心，讓人忍不住再多看它幾眼。

坐在窗邊，沉浸在童話古鎮的恬靜時光

那是只有體會過的人，才能真正懂得的一種感受。還記得入住 Dadibra 民宿的那個下午，我哪裡都沒有去，

就在整棟宅邸視野最好、景觀最優的房間內,靜靜地坐在木質窗邊看著這座「童話小鎮」3、4個小時之久。

看著小徑上每半小時才出現一次的車輛,無聲有如一顆流星般從我的視線中劃過,他們都是進出小鎮的貨車司機,送完貨就離開這裡。直到我聽見了 Dağdelen 清真寺傳來神聖的喚拜聲,才知道天色漸暗,這個童話世界將要換上另一種面貌了。那時,坐在窗前的我,瞬間感覺番紅花城就是一座被現代世界所遺忘的古鎮。

可是,無論是白天或者黑夜的它,處在這種被遺忘的傷感之中,竟沒有讓旅人感受到一絲一毫的憂傷。親自走過鎮上的每個地方,發現這裡的人們並不像大都市的人一樣,想與外面的世界爭些什麼,他們知足,他們低調,他們踏實過好自己的生活,他們就是最富足的人。

這樣的「遺忘」使他們多少有幾分自由與恬適,彷彿擁有一整片屬於自己的天空那般愉悅,並且永恆地沉浸其中。佇足過番紅花城,體驗過它的美,只能說,這樣的被遺忘,真好!

1.山丘上與大宅邸合照／2.坐在民宿窗邊,欣賞窗外風景／3.小鎮的街上,旅人和當地人交互穿梭著／4.自山丘上眺望這座可愛的小鎮,風景非常優美／5.番紅花城給旅人滿滿快樂的回憶

卡帕多奇亞宛如精靈們偷偷在地球上建造的一座王國，而他們用熱氣球乘載人類的夢想。飛吧～跟隨著精靈遊闖這個你從未見過的世界。

— KAPADOKYA —

卡帕多奇亞

奇岩、洞穴、熱氣球的夢想之都

卡帕多奇亞
KAPADOKYA

卡帕多奇亞

地處土耳其中部的卡帕多奇亞，跨越多個行政區，主要範圍位於今日的內夫謝希爾省 (Nevşehir) 內，是數百萬年前東西兩座火山爆發後，歷經長年的風化和雨蝕，所形成一片有著奇特地貌和視覺震撼景觀的廣大區域。

卡帕多奇亞的怪石地貌看似荒蕪且滄桑，可是早期的它其實是波斯人口中說的「駿馬之鄉」，直到近年熱氣球開始漫天遨遊，這幅浪漫而深刻的景象才使它成為旅人心目中所謂「夢想的起點」。

人類在卡帕多奇亞這片土地上生活的歷史相當悠久，自西元前 19 世紀已有西臺人在此生活，到後來有波斯人、希臘人、羅馬人、阿拉伯人和土耳其人。

其中，最精采的一段歷史莫過於基督教的初創時期，聖徒在洞穴內設立教堂和修道院，留下了岩壁上令人驚嘆的濕壁畫，而為了躲避敵人攻擊的基督徒，則在這裡挖掘出規模甚大的地下城，讓人不禁讚嘆起古人的智慧。

如今，過去的生活材料皆成為了今日的觀光資產，旅人們遊覽這片廣闊的精靈世界，住進以洞穴翻修而成的旅館，並在洞穴餐廳內品嚐美酒和陶罐牛羊肉，而翱翔天際的繽紛熱氣球，則給予世人對卡帕多奇亞一種最美好的想像。

卡帕多奇亞地圖

1,3.卡帕多奇亞以奇岩怪石聞名，現場看更加震撼／2.洞穴旅館陽台上欣賞熱氣球和日出／／4.陶罐裝飾小樹，別有一番風情／5.景點附近的紀念品街，旅人買得非常開心

145

卡帕多奇亞交通資訊

從 各地前往卡帕多奇亞可搭國內線班機或是長途巴士，兩種方式各自有擁護者。

國內班機

以距離來看，若從伊斯坦堡和伊茲密爾等較遠的城市出發，建議搭乘國內線班機至鄰近卡帕多奇亞的內夫謝希爾機場(NAV)或開塞利機場(ASR)，抵達後再從機場搭飯店接駁車或小巴士前往卡帕多奇亞的各個城鎮，其中最常見的方式是搭小巴士前往格雷梅(Göreme)小鎮，旅行總時數約3.5小時。

搭長途巴士

其他距離卡帕多奇亞較近的出發地如番紅花城、安卡拉(Ankara)和棉堡所在城市代尼茲利(Denizli)，前往卡帕多奇亞最方便的交通方式是搭長途巴士前往內夫謝希爾巴士總站(Nevşehir Otogar)或開塞利巴士總站(Kayseri Otogar)，再搭乘飯店接駁車或小巴士前往卡帕多奇亞各地。例如：阿瓦諾斯(Avanos)、於爾居普(Ürgüp)、歐塔希薩(Ortahisar)、格雷梅(Göreme)和烏奇薩(Uçhisar)小鎮。

其中，有些出發地無法直接前往這兩個巴士總站，必須先前往安卡拉巴士總站(Ankara Otogar)轉車，旅行總時數約4～7小時。

▲從伊斯坦堡搭乘國內線班機前往開賽利機場

▲搭國內線班機看見土耳其火山埃爾吉耶斯山(Erciyes Dağı)

▲搭乘長途巴士前往卡帕多奇亞，沿途風景宜人

小巴士

卡帕多奇亞各個城鎮之間最便利的交通方式就是搭小巴士，而遊覽當地景點則建議搭公共巴士，或是在當地向旅行社預訂團體旅遊的行程。整體來看，跟當地團的行程有較大的優勢，不僅有完整的行程安排，省下了不必要的等車時間，在卡帕多奇亞遍地都是奇岩怪石且容易迷失方向的地方也較為安全。

若決定要跟當地團，選擇信賴的旅行社詢問行程並且比價，在確認完接送時間和地點、景點與路線規畫後，就可以安心出遊囉！

▲搭乘小巴士往返機場與格雷梅小鎮

▲公共巴士等待時間較長，適合時間較多的旅人

Tips 紅線與綠線

在卡帕多奇亞跟當地團，旅行社會提供兩種不同的路線供旅人選擇，分別是：紅線和綠線。那麼，該如何選擇呢？其實相當簡單，若時間足夠，停留卡帕多奇亞3天左右，可兩種路線都參加，若時間有限，只停留1、2天，選擇紅線，再找時間自行前往凱馬克勒(Kaymaklı)地下城是最實際可行的作法。

紅線：途經卡帕多奇亞地區主要的5個小鎮及著名景點，包括：阿瓦諾斯(Avanos)、於爾居普(Ürgüp)、歐塔希薩(Ortahisar)、格雷梅(Göreme)和烏奇薩(Uçhisar)小鎮，其中，最知名的格雷梅露天博物館，就在這條觀光路線上。

綠線：距離較遠的德林庫尤(Derinkuyu)、凱馬克勒(Kaymaklı)兩座地下城，及厄拉熱溪谷(Ihlara Vadisi)都位在這條觀光路線上。

格雷梅小鎮入口，許多旅行社設立在此

旅人不熟悉地形，可借助當地司機的幫助走遍每個地方

必遊景點探訪

卡帕多奇亞著名的陶瓷小鎮
阿瓦諾斯小鎮
Avanos

www.avanos.bel.tr ｜ 搭乘標註阿瓦諾斯(Avanos)的小巴士前往 ｜ 3小時

位在卡帕多奇亞北方的阿瓦諾斯，以其獨特的陶瓷工藝而聞名遐邇。由於當地為土耳其全長1,355公里的最長河流克茲勒河(Kızılırmak)所貫穿，富含豐富鐵質，使河流呈現磚紅色，因此灌溉出適合燒陶的土壤。

當地人發現從這條「紅河」取出的土壤可以製作出精美的陶瓷器皿，隨著卡帕多奇亞的旅遊業日益蓬勃，阿瓦諾斯的陶瓷產業因而越發興盛，成為標誌性的陶瓷小鎮。

大啖當地名菜、參觀陶藝工作室

阿瓦諾斯除了以美麗的陶器聞名以外，也以其獨特的美食享譽土耳其。當地的餐廳經常供應一道名菜——「陶罐牛」，當然，也有羊肉、雞肉等不同選擇，這道菜特別在於，它是以陶罐烹製而成，肉類在慢火中悠悠烹製，既保留了肉質的鮮美，同時與香料和蔬菜相互融合，散發出令人垂涎欲滴的香氣，給人帶來獨特的口感體驗。

旅人們來到阿瓦諾斯，吃喝之餘一定要參觀當地的陶瓷工作室，向技藝精湛的師傅學習並親自體驗製作陶瓷的過程，也可以逛逛當地的藝品店，發現每一件作品都充滿著土耳其特有的藝術風格和文化韻味。選購心儀的碗、盤子、馬克杯等各式各樣的器皿，把喜歡的陶瓷藝術作品帶回家做紀念吧！

1.拜訪當地製陶工廠會有更多精美藝術品可參觀／2,3.阿瓦諾斯陶瓷器皿紀念品／4.藍天下，一隻駱駝在等待客人上門

獨特煙囪的奇岩巨石群
帕夏貝精靈煙囪
Paşabağları Müze ve Örenyeri

[http] muze.gov.tr(在網站上方搜尋「Zelve」) | Zelve Yolu, Çavuşin-Avanos／NEVŞEHİR | +90 384 271 35 35 | 08:00～17:00，最後入場時間為16:15 | 12歐元 | 搭前往阿瓦諾斯(Avanos)的小巴士，在恰武辛(Çavuşin)下車後走20分鐘可抵達 | 2小時

位卡帕多奇亞地區，以其壯觀的岩石地貌和悠久的歷史文化而聞名，帕夏貝谷(Paşabağ Vadisi)有著最夢幻、最獨特的奇岩怪石群，數量亦是當地最密集。

它在數百萬年前由火山噴發形成，火山噴發後原先的高原完全被熔岩覆蓋，經風雨的侵蝕後形成了有如煙囪的壯觀巨石群，又因看上去宛如失落而荒涼的精靈世界，因此有了「精靈煙囪」的夢幻稱號。

1.白天的精靈煙囪和駱駝隊伍／2.夜晚降臨，精靈煙囪看上去更為神祕了

豆知識
擁有歷史悠久的洞穴居所

該地區亦擁有相當古老的文化遺址，這裡曾是一個早期基督教的修道院和居住地，西元5世紀在此修行和生活的隱士聖西門(St. Simeon)，他的修行居所尚完整地保留著。旅人們可以在這裡探索古老的洞穴教堂、修道院和洞穴居所，這些洞穴內裝飾著精美的壁畫和雕刻，展示古人精湛的藝術工藝。

此外，每一個精靈煙囪功能各異，除了作為宗教場所和居所，也從中發現了用來製作乾小麥的磨坊、釀酒廠，一窺古人最真實的生活型態。

卡帕多奇亞 必遊景點探訪

149

充滿各種造型特異的岩石
幻想谷
Devrent Vadisi

Aktepe-Ürgüp Yolu／NEVŞEHİR｜24小時開放｜免費｜阿克特匹(Aktepe)前往於爾居普(Ürgüp)的公路上｜0.5小時

幻想谷位在整座格雷梅歷史國家公園(Göreme Tarihi Milli Parkı)的東北方，這個名字的由來，是因為這個地方的奇岩怪石有十分獨特的造型，每一座岩石都有自己的個性和風格，例如：最著名的「駱駝岩」。

來到幻想谷，不如發揮想像力，為每一座岩石取個名字吧！隨著想像力的發揮，每一座岩石都有可能成為獨特而有趣的角色，讓旅人在探索幻想谷的過程中享受到無窮的旅行樂趣。

1.幻想谷最著名的一片風景／2.有人說他們是「一家三口」，有人說他們是「三公主」，你覺得他們像什麼呢？／3.找的到「駱駝岩」嗎？

夕陽下的夢幻玫瑰色寶石
玫瑰谷
Gül Vadisi

Göreme／NEVŞEHİR｜24小時開放｜免費｜自格雷梅(Göreme)小鎮中心往東北方1公里處步行20分鐘｜1小時

距離格雷梅小鎮僅1公里的玫瑰谷，步行即可抵達，十分便利。當地之所以被稱為「玫瑰谷」，是由於它的岩石呈現出有如玫瑰一般的淡粉色，在夕陽的照射下更是顯出它的嫵媚風情，是卡帕多奇亞所有岩石中最優雅與溫柔的一群岩石。

另外一種說法是，巨岩群玫瑰色澤的上方終

遠方略帶紅色的就是玫瑰谷，傍晚到訪色彩會更加鮮明

線處，極有可能是大洪水流過的痕跡，當然，這一說法尚未被科學證實，但也為後人留下非常有趣的想像空間。

夕陽下的夢幻玫瑰色寶石

格雷梅小鎮
Göreme

http www.goreme.bel.tr ｜ 內夫謝希爾(Nevşehir)東方12公里處 ｜ 2小時

格雷梅是卡帕多奇亞地區內夫謝希爾省的一座城鎮，自古羅馬時代已有人定居於此，後基督教初期更有許多為逃離羅馬帝國迫害的基督徒來此避難，因而留下許多洞穴教堂和精美壁畫，格雷梅國家公園(Göreme Tarihi Milli Parkı)於西元1985年被聯合國世界教科文組織(UNESCO)列為世界遺產。

國家公園面積廣大，可自由探索，有數量眾多且未經整理的岩洞，攀爬請注意自身安全。若想欣賞經整理和修繕的，可前往格雷梅露天博物館(Göreme Açık Hava Müzesi)，裡面保存了卡帕多奇亞最完整的洞穴教堂與濕壁畫。

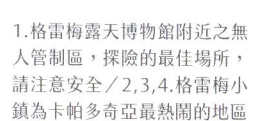

令人難忘的奇幻熱氣球

此外，清晨的格雷梅小鎮，當第一縷陽光灑在地平線上，熱氣球便會展開這天的第一次飛行，整個天空都將被色彩繽紛的熱氣球點綴著，營造出一幅奇幻而壯麗的景象。

因此，如果沒有搭乘熱氣球的計畫，在清晨5～8點也可以前來格雷梅小鎮觀看熱氣球飛升，與漫天飛翔的熱氣球一起合照，將這一刻永遠留存在相機鏡頭裡，留下最令人難忘的美好回憶。

1.格雷梅露天博物館附近之無人管制區，探險的最佳場所，請注意安全／2, 3, 4.格雷梅小鎮為卡帕多奇亞最熱鬧的地區

卡帕多奇亞｜必遊景點探訪

保存最完整的洞穴教堂與濕壁畫

格雷梅露天博物館
Göreme Açık Hava Müzesi

muze.gov.tr (在網站上方搜尋「Göreme」) | Karaseki Mah, Göreme／NEVŞEHİR | +90 384 271 21 67 | 08:00～17:00，最後入場時間為16:15 | 20歐元 | 自格雷梅(Göreme)小鎮中心搭小巴士或往東南方1.5公里處步行20分鐘 | 3小時

格雷梅(Göreme)，在土耳其語中是「看不見」的意思，關於這個地名的故事，最早可追溯回西元1世紀。在早期基督教歷史中，羅馬帝國對基督徒實施了非常嚴厲的迫害，因此一些基督徒逃離原來居住的城市，來到卡帕多奇亞地區的岩石中隱居；他們利用當地的岩石結構，挖掘洞穴，並在往後的幾個世紀中，包括阿拉伯軍隊進攻安納托利亞高原，侵略整個東羅馬帝國的時期，建造出大量的住所和教堂。

從壁畫了解當時的生活情景

從外面看上去，這地方荒涼無趣，但若走進這些岩洞裡，便可知道當年的基督徒是如何在這個幾乎沒有任何生氣的地方，用一面面精采的壁畫，描繪出他們的宗教故事，烙印下他們所領悟與知曉的精神世界。這不就是人類在世界上創造出的奇蹟之一嗎？

由於當地的地貌景觀和人文建築相當集中，又加上格雷梅位在卡帕多奇亞各個小鎮的相對中心點上，這使它成為當地的指標性小鎮，聚集了最多的餐廳、飯店和商店。

露天博物館裡的七大教堂

距離格雷梅小鎮中心僅1.5公里處，便是這座露天博物館的所在地。如果時間有限，到卡帕多奇亞只能去一個地方的話，那就來這裡吧！在格雷梅露天博物館內，有卡帕多奇亞地區保存最完整的洞穴教堂，這些教堂內則有當

152

地最清晰和美麗的宗教壁畫。

其中最著名的教堂有7座，分別是：聖巴西里教堂(Aziz Basileus Kilisesi)、蘋果教堂(Elmalı Kilise)、聖芭芭拉教堂(Aziz Barbara Kilisesi)、蛇教堂(Yılanlı Kilise)、黑暗教堂(Karanlık Kilise)、拖鞋教堂(Çarıklı Kilise)和鈕扣教堂(Tokalı Kilise)。

每一座教堂都有屬於它自己的特色，古人們將故事畫在岩壁上，代代相傳、流傳至今，像是進到蘋果教堂後，人們會開始尋找這顆「蘋果」究竟在哪裡，至今仍然沒有標準答案；而蛇教堂中的壁畫則描繪了聖喬治(Aziz George)擊退一條蛇的場景。

Take a Break

看不見光的黑暗教堂

在格雷梅露天博物館內，有一座需要另外再付費的教堂，它就是非常著名的「黑暗教堂」，擁有這樣的稱號是因為這座教堂的窗戶少而小，能照射進來的光線十分有限，因而導致室內相當昏暗。然而，相對地，在少有光線的照射與干擾之下，黑暗教堂內這些完成於西元11世紀的濕壁畫，也比其他教堂牆上的壁畫都來得鮮豔而美麗，加上這些濕壁畫描繪的皆是為人熟知的聖經故事，因此，黑暗教堂可以說是具備了極高的宗教及藝術價值。

Tips 遊玩卡帕多奇亞的建議

卡帕多奇亞位於安納托利亞中部，泛指內夫謝希爾(Nevşehir)、開賽利(Kayseri)、尼代(Niğde)、阿克薩萊(Aksaray)4個省分之間的廣大土地，在如此遼闊的地方，旅人往往不曉得該住在哪裡，又該從何處玩起。

別擔心！只要聚焦在格雷梅小鎮及格雷梅露天博物館這兩個重要位置，便能住得安心、玩得開心！尤其選擇住宿時，可找格雷梅小鎮以南、臨近格雷梅露天博物館的洞穴旅館，食宿和交通都相當便利。假若不搭小巴、不自駕，格雷梅小鎮上也有許多當地旅行社，想玩紅線還是綠線，談妥價格並報名後即可參加。

1.格雷梅露天博物館入口／2.岩壁非常陡峭，走階梯是抵達高處的唯一方式／3.站在這裡可拍到所有洞穴／4.洞穴比路還多，是露天博物館的一大特色／5,6.古代教堂的壁畫及雕飾至今仍然清晰／7.從露天博物館高處眺望整座格雷梅小鎮

卡帕多奇亞　必遊景點探訪

古代的防禦堡壘

烏奇薩城堡
Uçhisar Kalesi

http www.kulturportali.gov.tr/turkiye/nevsehir/gezilecekyer/uchsar-kales | Tekelli Mah, Uçhisar／NEVŞEHİR | +90 384 219 20 05 | 07:00～20:00 | 150里拉 | 搭乘標記Uçhisar的小巴士前 | 0.5小時

這座堡壘是十分典型的洞穴聚落，它也是卡帕多奇亞地勢最高的社區，擁有卡帕多奇亞最遼闊的視野景觀，整個卡帕多西亞都在旅人的腳下。

西元12～14世紀，烏奇薩城堡既用作瞭望塔，也是防禦城堡，人們來到這裡開岩鑿壁聚居並非沒有原因，由於地勢高聳、易守難攻，在那個容易被侵襲和迫害的年代裡，具備地理優勢的烏奇薩適合避難者生活，並在危急時刻提供絕佳的庇護。

1,2.歷史的遭遇和變故，高聳的洞穴留下了不同的樣貌

數百萬鴿子生活的聚落

鴿子谷
Güvercinlik Vadisi

Aşağı Mah, Adnan Menderes Cad, No:50, Uçhisar／NEVŞEHİR | 24小時開放 | 免費 | 自烏奇薩小鎮中心沿著Adnan Menderes街往南直行1公里 | 0.5小時

距離烏奇薩城堡不到1公里處，有個特別的「非人類」聚落，由於該地峽谷中有密密麻麻數不清的鴿子洞，生活在這裡的鴿子數量遠遠比人類多，人們因而稱之為「鴿子谷」。

鴿子谷成為烏奇薩當地的一處奇景

早期當地居民已知利用鴿子來傳信，而鴿子的糞便更成為當地果農最佳的天然肥料來源。

一邊健行一邊欣賞壯麗的峽谷

厄拉熱溪谷
Ihlara Vadisi

muze.gov.tr(在網站上方搜尋「Ihlara」) | Güzelyurt／AKSARAY | +90 382 453 77 01 | 08:30～17:00，最後入場時間16:15 | 700里拉 | 從阿克薩賴(Aksaray)搭小巴士前往 | 2小時

卡帕多奇亞地區最著名的自然景點之一，位於內夫謝希爾省的格雷梅鎮附近，這個壯麗的峽谷是卡帕多奇亞地區最長、最深的峽谷之一。厄拉熱溪谷位在哈桑山(Hasandağı)東北部18公里處，長15公里、深150公尺，景致遼闊宜人且優美，溪谷旁還有條近400階的階梯可以深入探索溪谷，是個適合健行的地方。

峽谷兩側矗立著200公尺高的岩壁，而底部則是一條沁涼的溪流，旅人們可以在這個自然的綠洲中徒步漫遊，欣賞岩石的奇妙造型、植被茂密的山谷，以及各種野生動植物。

1.前往溪谷最深處必須通過階梯才能抵達／2.從溪谷頂遠眺前方，視野極佳

豐富的古老洞穴教堂遺跡

豆知識

除了壯觀的自然景觀外，厄拉熱溪谷更以其豐富的歷史遺跡而聞名，峽谷內分布著數十座古老的洞穴教堂，這些教堂的歷史可以追溯到西元4～11世紀，其中一些教堂裡保存著精美的壁畫和雕刻，透露先人的信仰世界和此時代的藝術輝煌。

例如：西元7世紀左右，許多拜占庭修行隱士在此建造的住所和教堂，當中最著名的教堂有樹下教堂(Ağaçaltı Kilisesi)和蛇教堂(Yılanlı Kilise)。這些教堂不僅是宗教場所，也是歷史的見證者，見證了古代基督教徒在困境中展現出的堅韌。

1.蛇教堂裡部分壁畫已遭受破壞，但仍可清晰見到原始的樣貌／2.保存得還算完整的樹下教堂壁畫

卡帕多奇亞 Kapadokya
深度漫遊 1

基督徒千年避難處

充滿神祕氣息的地貌，如外星世界般的壯麗景觀，來到卡帕多奇亞，每一刻皆令人屏氣凝神，沉浸於這片奇幻的魅力中。卡帕多奇亞所在的這片廣大的土地有個美麗的名稱——「安納托利亞」，然而，它從來不是一片平靜而寧和的樂土。在這塊土地上，自古以來便匯集了許多不同的民族，他們為了生存而戰，為了建立自己的帝國而戰，為了擴張勢力而戰。

在千百年流動的時光中，伴隨著她的是無止盡的戰亂，而依附於她身上生活的人們有如她的孩子一般，靜靜地蜷曲在這位安納托利亞母親的庇護之下。卡帕多奇亞的居民就是這個故事的最佳寫照，當地奇形怪狀的岩洞和龐大的地下城，就奇蹟似的讓前來尋求庇護的人們躲過至少3次戰亂。

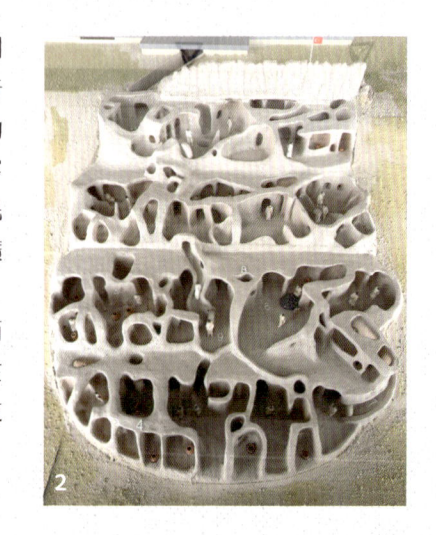

卡帕多奇亞｜深度漫遊

1.儘管戶外大熱天，地下城裡感覺特別涼爽呢／2.凱馬克勒地下城模型／3.地下城的天花板並不高，伸手可及／4.地下城有好幾層樓，連接樓層的也是洞穴通道／5.每個空間有不同的功能，使避難的人們維持基本生活需求

運用當地的地形打造避難處

第一次是西元1～4世紀的基督教創立初期，當時羅馬帝國視基督教為異端，因此經常派出羅馬軍隊鎮壓，甚至迫害安納托利亞上的基督徒。這些虔誠的基督徒紛紛逃難，而當他們來到卡帕多奇亞一帶時，發現當地奇特且複雜的地貌非常適合做為避難地點，便在此定居下來，以就地取材的方式，打造出屬於他們自己的天地。

他們用智慧改造了當地的奇岩怪石，以住所、教堂和修道院等功能賦予這些岩石全新的面貌，而為了達到有效的避難，他們向下挖掘避難用的通道，這些通道在日後的擴展之下，逐漸發展成今日我們所見極為壯觀的地下城。

第二次是西元7～11世紀的東羅馬帝國時代，儘管當時基督教已被列為國教，安納托利亞上的基督徒仍然無法逃離戰亂，因為這次他們要面對的是從遠方崛起，與他們信仰著不同宗教的阿拉伯軍隊，那也是歷史上著名的「阿拉伯拜占庭戰爭」。

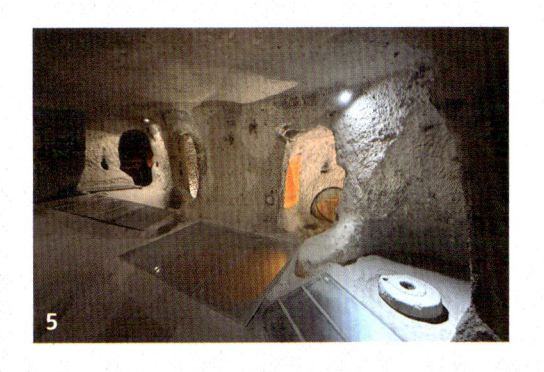

157

不只是避難所也是生活居所

目前發現他們當時所造的地下城已多達36座，地下城之間有通道互相連接，是相當成熟的避難系統，其中深度最深的地下城至少深達60公尺，總共可容納上萬人避難。

古代居民十分懂得有效運用地下城的空間，他們不只將它作為避難的場所，也在昏暗的地下城內發展出一套合適的生活機制，居民們在地下城裡留出空間豢養牲畜，也有可以烹飪食物的廚房，以及用來釀酒和儲藏糧食的倉庫等，更令人意想不到的是，在生活如此不便利的空間裡，他們仍然建造教堂，在昏暗的空間內虔誠地向他們的主禱告。他們對生存的渴望以及對信仰的堅定，著實令現代人佩服。

地下城成為最佳的避難場所

在往後的幾個世紀裡，地下城也為有避難需求的人們提供一個最佳的庇護場所，例如：西元14世紀為躲避蒙古人侵略的基督徒。20世紀以後，人們不再需要躲到地下避難，這些地下城因此逐漸荒廢，深埋在那些被遺忘掉的歷史塵埃中。直到多年以後，卡帕多奇亞當地的一位居民在他家的牆壁後方發現了一間塵封許久的密室，才真正揭開了這片土地之下那驚人的祕密，挖掘開來的地下城自此正式出現在世人眼前。

1.每個洞穴房都有特殊功能，例如：廚房、釀酒室和糧倉／2.地下城有好幾層樓，連接樓層的也是洞穴通道／3.凱馬克勒地下城外的紀念品商家

不可錯過

東羅馬帝國的避難所
凱馬克勒地下城
Kaymaklı Yeraltı Şehri

muze.gov.tr（在網站上方搜尋「Kaymaklı」） | Cami Kebir Mah, Belediye Cad, Yeraltı Şehri, Kaymaklı／NEVŞEHİ | +90 384 213 14 47 | 08:00～18:00，最後入場時間為17:15 | 13歐元 | 搭巴士前往內夫謝希爾後，轉乘小巴士至凱馬克勒(Kaymaklı) | 1.5小時

最早由西元前8世紀生活在當地的民族初步開挖地下通道，並於7～11世紀的東羅馬帝國時代被避難的基督徒擴展成有系統的地下城。凱馬克勒地下城是占地最寬廣的地下城，但內部的通道較為狹窄、低矮，參觀時必須彎腰，甚至在洞穴內爬行，不適合孕婦、心血管疾病和幽閉恐懼症患者參觀，目前開放至地下4樓。

規模最大最完善的地下城市
代林庫尤地下城
Derinkuyu Yeraltı Şehri

muze.gov.tr（在網站上方搜尋「Derinkuyu」） | Bayramlı Mah, Niğde Cad, Yeraltı Şehri, Derinkuyu／NEVŞEHİ | +90 384 381 31 94 | 08:00～18:00，最後入場時間為17:15 | 13歐元 | 搭巴士前往內夫謝希爾後，轉乘小巴士至代林庫尤(Derinkuyu) | 2小時

位在馬克勒地下城南方8公里處，兩座地下城之間有長達8公里的地道相通，為避難者提供一個安全的移動空間。代林庫尤地下城是規模最大、深度最深，生活機能最完整的地下城，它的深度可達60公尺以上，除了能解決基本的生活需求之外，它還有良好且完善的通風系統，可容納近20,000人避難，目前開放至地下8樓。

卡帕多奇亞｜深度漫遊

卡帕多奇亞 Kapadokya
深度漫遊 2

七彩繽紛的奇幻熱氣球之旅

當天空微亮,地平線仍透著一抹灰藍色時,繽紛的熱氣球自地面緩緩升起,靜悄悄地載滿一籃子的人,往那充滿未知的空中飛翔而去。

旅人的人生夢想清單

熱氣球所乘載的,是旅人們的夢幻想像,上頭有人靜靜賞景,望著那由淡粉色和奶油色調和出來的日出雲彩,看著熱氣球的影子在土褐色的奇岩怪石森林上無聲地劃過;有人則對著眼前的美景嚷著,拿出相機「喀嚓」瘋狂似地捕捉每個精采的畫面,拍下一張張飛行空中,屬於未來那獨一無二的回憶。

隨著熱氣球的飛升,地面上的精靈煙囪和怪石林,瞬間不

Tips　請慎選熱氣球公司

若想搭乘熱氣球，請務必及早預訂，預訂可透過網站或飯店櫃檯，唯一的原則就是要選擇可信任的熱氣球公司，切勿因為一時的貪小便宜，拿自己的生命安全開玩笑喔！

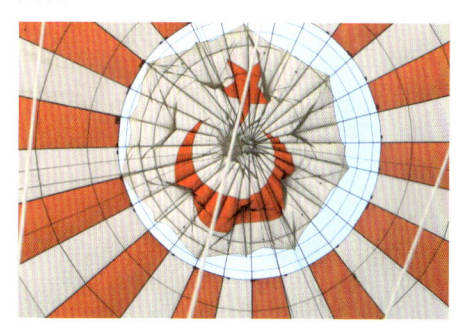

世界充滿了驚奇，而卡帕多奇亞的一景一物以及在空中飛行的熱氣球，則完美地詮釋了這份驚奇與獨特。此時此刻，你也來到卡帕多奇亞的土地上，準備體驗與感受這片神奇景色的壯麗與靜謐嗎？

1.熱氣球緩緩起飛，翱翔天際／2.清晨5點半，摸黑到現場等待搭乘熱氣球／3.熱氣球慢慢降落在草地上，平安順利完成飛行／4.飛行員開香檳和大家一同慶祝成功飛行／5,6.值得留念的相片和飛行證書各一張

再如同在地面時那樣巨大，它們越來越遠、越來越小，熱氣球上的旅人有如乘坐飛毯般，在精靈的世界中漫行探索著。

處處充滿驚奇與回憶

數百個多彩的熱氣球一同翱翔天際，這就是卡帕多奇亞的日常，這地方每天清晨的「例行公事」。在過去，生活在這片看似荒涼的土地上的居民，肯定想像不到這樣的一個地方，有天它的天空會飛滿巨型氣球，也肯定無法理解過去作為避難的土地，有這麼一天，它會成為專門販賣人類夢想以及收藏旅人笑聲的地方。

道地美食

充滿異國風的印度餐廳
Delhi Darbar Indian Restaurant

delhidarbar.com.tr | Gaferli Avcılar Mah, Bilal Eroğlu Cad, Turizm Sk, No:1, Göreme／NEVŞEHİR | +90 552 668 32 91 | 11:30～23:30 | 格雷梅小鎮Bilal Eroğlu街上

位在格雷梅小鎮中心的這家印度餐館，走在遠處便能被它吸引住目光，充滿異國風的燈飾和掛毯，整體氣氛神祕而富有情調。從點餐開始，就可以感受到店家的友善和貼心，菜單上標有清楚的價格，餐點也相當美味，是旅人們在卡帕多奇亞吃膩陶罐牛羊料理時的最佳選擇，推薦印度香飯(Biryani)和雞肉咖哩(Chicken Curry)。

在卡帕多奇亞，無論是高級酒窖或溫馨餐館，每一間餐廳都蘊含著當地的特色風情，並且以獨特的烹調方式呈現完美風味，帶領旅人從味蕾展開一場美食之旅。本單元精選餐廳將帶著各位旅人，從最道地的「陶罐料理」，到多元的印度菜，提供不一樣的美食選擇，吃出最精采的卡帕多奇亞！

☕ Take a Break

卡帕多奇亞必吃「陶罐料理」

卡帕多奇亞當地的餐廳以格雷梅(Göreme)為中心，主要提供傳統的土耳其佳餚，價格尚屬合理。其中，來到當地一定要嘗試幾乎每家餐廳皆以此作為招牌菜的「陶罐燉肉」(Testi Kebab)，這道菜以陶罐密封燉煮，直到上桌時打破陶罐，燉肉與蔬菜頓時香氣四溢。相信無論是傳統土耳其料理的愛好者，還是初次接觸這些特色風味的旅人，卡帕多奇亞的佳餚皆能滿足不同味蕾，讓每一頓飯都成為難忘的回憶。

卡帕多奇亞｜道地美食

用心對待料理及客人的平價餐館
CANCAN Cafe and Restaurant

[f] Cancan cafe restaurant ｜ [📍] Gaferli Avcılar Mah, Bilal Eroğlu Cad, No:27, Göreme／NEVŞEHİR ｜ [☎] +90 384 271 24 40 ｜ [🕐] 不固定，用餐時間一定會開 ｜ [🏠] 格雷梅小鎮Bilal Eroğlu街

Cancan Cafe Restaurant 是一家位在格雷梅小鎮主要街道上的土耳其料理餐館，店面看上去或許不高檔，甚至說不上起眼，但絕對以誠摯的態度與用心的餐點來迎接每一位食客，飽足又滿足地離開。推薦綜合烤肉類（Karışık Izgara）和陶罐料理（Testi Kebabı），都是旅人們讚好的「味蕾的饗宴」。

高CP值的鄉村風餐廳
Apetito Restaurant

[http] apetitorestaurant.com ｜ [📍] Musaefendi Mah, Ahmet Refik Cd, No:4, Ürgüp／NEVŞEHİR ｜ [☎] +90 533 133 40 2 ｜ [🕐] 10:30～23:30 ｜ [🏠] 爾居普小鎮Ahmet Refik街

Apetito Restaurant 深受造訪卡帕多奇亞當地的旅人喜愛，位在於爾居普小鎮上，它是當地最受歡迎的一家餐廳，提供客人優質的餐點與服務。推薦 CP 值高的套餐餐點（FIX MENU），一次享用店內最美味的湯品、沙拉、餐前菜、主餐和甜點，主餐可選擇一般烤肉或陶罐料理（Local Pottery Kebab）。

溫暖人心的高評價餐廳
Fatima'nın Sofrası

[📷] fatimaninsofrasi ｜ [📍] Bahçelievler Mah, Açık pazar yeri, Mithat Dülge Cd, No:2A, Avanos／NEVŞEHİR ｜ [☎] +90 545 511 62 52 ｜ [🕐] 09:00～20:30，週日10:00～20:00 ｜ [休] 週二 ｜ [🏠] 阿瓦諾斯Mithat Dülge路旁廣場上

這家餐廳是阿瓦諾斯當地評價極高的土耳其家常美食餐館，菜單上有眾多菜色可以選擇，不只有一般的土耳其料理，卡帕多奇亞的特色料理陶罐牛肉在這裡也都點的到。餐館裡擺設著樸實而溫馨的木質桌椅，牆上掛著特色十足的民族壁飾，彷彿在述說著土耳其悠久的歷史和文化；走進 Fatima'nın Sofrası，宛如回到家一樣溫暖，讓人倍感親切與舒適。

招牌菜「陶罐牛肉」上菜過程

163

住宿推薦 HOTEL

Grand Cave Suites

www.grandcavesuites.com/en ｜ İsalı Mah, İsalı Cad, No:17, Göreme／NEVŞEHİR ｜ +90 384 271 33 33 ｜ 格雷梅小鎮上沿著İsalı街走到底

Grand Cave Suites 坐落於格雷梅小鎮南邊，地理位置優越，來往卡帕多奇亞各地極為便利。旅館的庭院環境簡約舒適，擁有與大自然融為一體的氛圍；房間內部空間寬敞且乾淨整潔，充分展現洞穴建築的風格與設計，其中，浴室附有按摩浴缸，讓旅人在結束一天的探索後放鬆身心。

這家洞穴旅館最具吸引力的特色，莫過於清晨時分站在房間外的陽台上，便可輕鬆欣賞滿天飛舞的熱氣球，眼前壯麗的景象讓人心曠神怡，令許多住客難以忘懷。距離熱氣球起飛的地點也很近，步行約十分鐘即可抵達。

此外，旅館的早餐也相當豐富多元，菜色齊全，食材新鮮且美味，廚房與餐廳的員工服務態度非常友善，讓人感受到賓至如歸的溫暖款待。Grand Cave Suites 每晚住宿價格相對於其他同等級的洞穴旅館而言划算不少，是卡帕多奇亞當地高 CP 值的住宿選擇。

1.7. 中庭裡每個角落的擺設，都點綴得恰到好處／2.3. 早餐有將近50種菜色可選擇，十分美味／4.5 清晨房間外的陽台上，可以看到飛行中的熱氣球／6. 房間簡單卻別有一番風情

Cappadocia Cave Suites

cappadociacavesuites.com | Gafferli Mah, Ünlü Sok, No:19, Göreme／NEVŞEHİR | +90 384 271 28 00 | 自格雷梅主要街道Bilal Eroğlu街轉進Cevizler路後步行5分鐘

　　這家旅館位在卡帕多奇亞交通最便利、位置絕佳的格雷梅小鎮上，旅館整體空間是岩壁向內深鑿而來的岩洞，屬於真正的洞穴房間，而非磚土所打造，平均價格在當地偏中等價位。他們房間的設計和裝飾採鄂圖曼鄉村風格，空間寬敞舒適，集簡約、可愛、優雅於一身，每天清晨更可從房間陽台上，近距離欣賞到滿天飛的熱氣球。想體驗真實洞穴生活的旅人，一定不能錯過這裡！

Saklı Konak Cappadocia

www.saklikonakhotel.com | Tekelli Mah, 2. Karlık Sok, Uçhisar／NEVŞEHİR | +90 530 568 14 98 | 烏奇薩Göreme-Uçhisar大道的2. Karlık路上

　　這家旅館位在烏奇薩，距離烏奇薩城堡非常近，交通便利、位置佳是一大優點，寬敞、乾淨、舒適和平價的房間則是這家旅館最大的特色，有露天餐廳和庭院，員工服務貼心且友善，餐點樣式豐富、美味可口。若住宿預算較低，或者全家一起出遊、人數較多時，可以考慮這家高 CP 值的旅館。

Sacred House

sacredhouse.com.tr | Dutlucamii Mah, Barbaros Hayrettin Sok, No:25, Ürgüp／NEVŞEHİR | +90 384 341 44 22 | 從於爾居普巴士站(Ürgüp Otogarı)旁道路步行8分鐘

　　位在於爾居普的這家旅館，從戶外庭院到室內空間皆採華麗的古典莊園風格，每個角落的設計都充滿巧思、令人著迷，與卡帕多奇亞當地絕大多數鄉村風格的旅館相比，整體氛圍顯得十分獨特，也正因這份獨特而令入住過的旅人都對它非常難忘，甚至有人稱它為「博物館」。獨特的居住空間，在卡帕多奇亞當地屬中高價位。此外，最令旅人讚賞的不只是它的房間設計，還有美味又精緻的早餐，以及女主人優雅而熱情的款待。

Exedra Hotel Cappadocia

www.exedracappadocia.com | Eski Mah, Ka-padokya Cd, No:11, Ortahisar／NEVŞEHİR | +90 384 343 24 25 | 由Ortahisar Köyü İç Yolu大道，進入Hacı Telgraf街，過Halit Efendi路後即可到達

　　位於歐塔希薩的這家洞穴旅館，無論是前往歐塔希薩城堡或是格雷梅露天博物館，交通往來皆十分便利。這家旅館部分房型由真實洞穴延伸改建，部分則為新式仿洞穴房型，無論哪一種，夜間打著暖黃燈光的中庭特色十足，屋內設計原始與傳統交會，宛如穿越時空，為旅行帶來非凡的體驗。旅館附設游泳池、土耳其浴室，早餐多元化，提供許多特色點心，以滿足國際化旅人的口味。

旅行故事

探尋卡帕多奇亞最深刻的
時光痕跡

Stories

晚間 10 點，踏上長途巴士的那一刻還非常興奮，心想著只要睡一覺，起床後就可以看到奇幻的卡帕多奇亞；然而，實在是太天真了，這班長途巴士每 1～2 小時便要停靠一站，或是讓乘客下車到休息站歇息和購物。

這是第一次前往卡帕多奇亞的回憶，在路途顛簸的長途巴士上，還未抵達內夫謝希爾省，已換來一雙黑眼圈。在那 12 個小時之間，只有短少的幾個小時沉睡於香甜的夢裡，其餘的時間總是被巴士停靠車站時從窗外傳來的聲響吵醒。

清晨 8 點，當早晨的陽光照射進巴士後，刺眼的光線讓人無法再次入眠，回頭一看，才發現車上的每一個乘客都一樣，頂著一頭亂髮和一雙疲憊的熊貓眼。搭長途巴士來到卡帕多奇亞，可真是煎熬又難忘呀！

走進歷史與自然奇景的精靈世界

初來乍到，眼前是一座無法用言語形容的精靈世界。我們的第一站就是格雷梅露天博物館，那是關於卡帕多奇亞的第一印象，也是我與這個神奇的世界初相遇的時刻。在岩洞內徘徊，我看著岩壁上方當年基督徒留下的圖騰和壁畫，有些仍然清晰可見，有些早已斑駁脫落，在那一刻不免驚嘆地說：「原來這就是時光走過的痕跡啊！」

欣賞這些圖騰、壁畫的同時，我也一面想像著古人在這片土地上的生活情景。當時生活在這裡的他們究竟穿著什麼樣的衣服？他們究竟過著什麼樣的生活？他們又是如何感受自己在這個世界上的存在？他們又是如何看待世界與自己之間的微妙連結？

好多疑問在我的腦海中迴繞著，但我想，這就是旅行的意義吧！闖入他人平凡的生活，在這些日常的細節中，思索不平凡的生命視角，無論是否帶來啟發，這些美麗的碎片終會掉落在回憶最深刻的一處，安然收藏。

1.全家同遊卡帕多奇亞的美好回憶／2.前往格雷梅博物館途中／3.眺望遠方的玫瑰谷／4.與格雷梅小鎮合照／5.遊客最愛的愛心同框

167

> 飯店陽台上看熱氣球，實在太夢幻了！

走過卡帕多奇亞各地，它給予我的震撼大大超越了原來的想像。不僅是精靈煙囪、厄拉熱溪谷、幻想谷、玫瑰谷和鴿子谷這些由大自然所雕刻出來的奇景，究竟能為人們帶來多少的驚奇，我想，最珍貴的還有這片土地上的那些「人的痕跡」──在原本一片荒蕪之中，開拓了龐大地下城，那段光陰中最精采的故事。

在我眼中充滿生命力的夢想國度

在卡帕多奇亞，我們不只看見了大自然神奇的力量，也見證了人類堅韌的生命力，那是關於生存、信仰和智慧的一段歷史，也許，那才是真正打造這座「夢想王國」的力量與根基吧！

前後造訪卡帕多奇亞共3次：第一次搭乘長途巴士，在當地導遊的帶領下，小心翼翼地探索和欣賞這個全新世界，並乘上人生中的第一顆熱氣球；第二次搭乘國內線班機，入住岩洞開鑿的洞穴旅館，以見老友的心情再訪格雷梅小鎮；第三次則帶上了台灣家人一同搭機前往，在當地租車遊闖奇岩怪石林。

每一回拜訪卡帕多奇亞，都是不一樣的體驗，不一樣的心情；十年間，我們都在成長，都在成熟，而它看似沒變。或許，這就是大自然的力量，一切看似無聲，仿若沒有變化，其實它們皆在靜悄悄中形塑出自我的樣貌，自我的未來。

夢想王國、奇岩怪石林、精靈世界，卡帕多奇亞在你的眼中，屬於哪一種呢？

在卡帕多奇亞遇見的小動物們

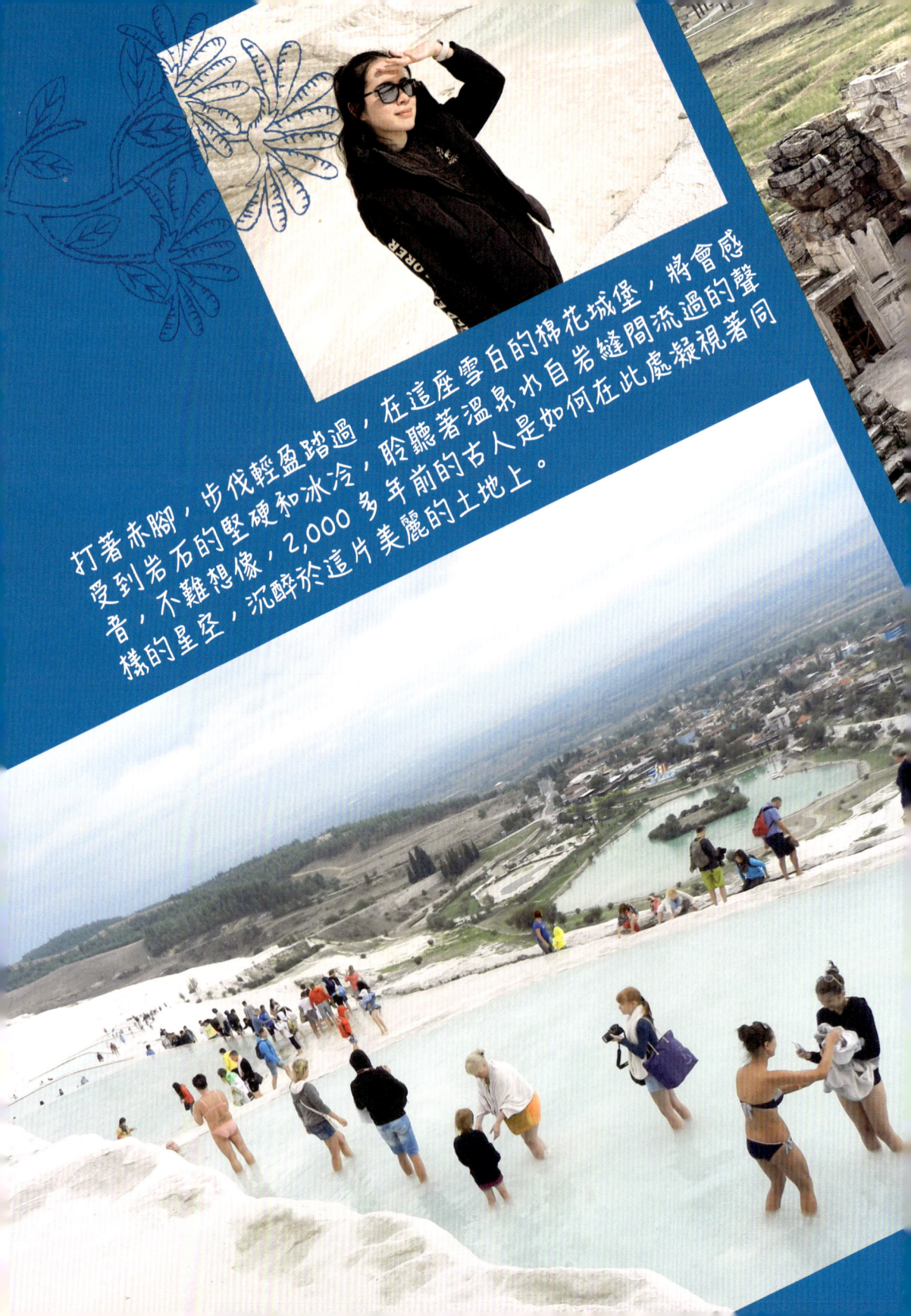

打著赤腳，步伐輕盈踏過，在這座雪白的棉花城堡，將會感受到岩石的堅硬和冰冷，聆聽著溫泉水自岩縫間流過的聲音，不難想像，2,000多年前的古人是如何在此處凝視著同樣的星空，沉醉於這片美麗的土地上。

PAMUKKALE

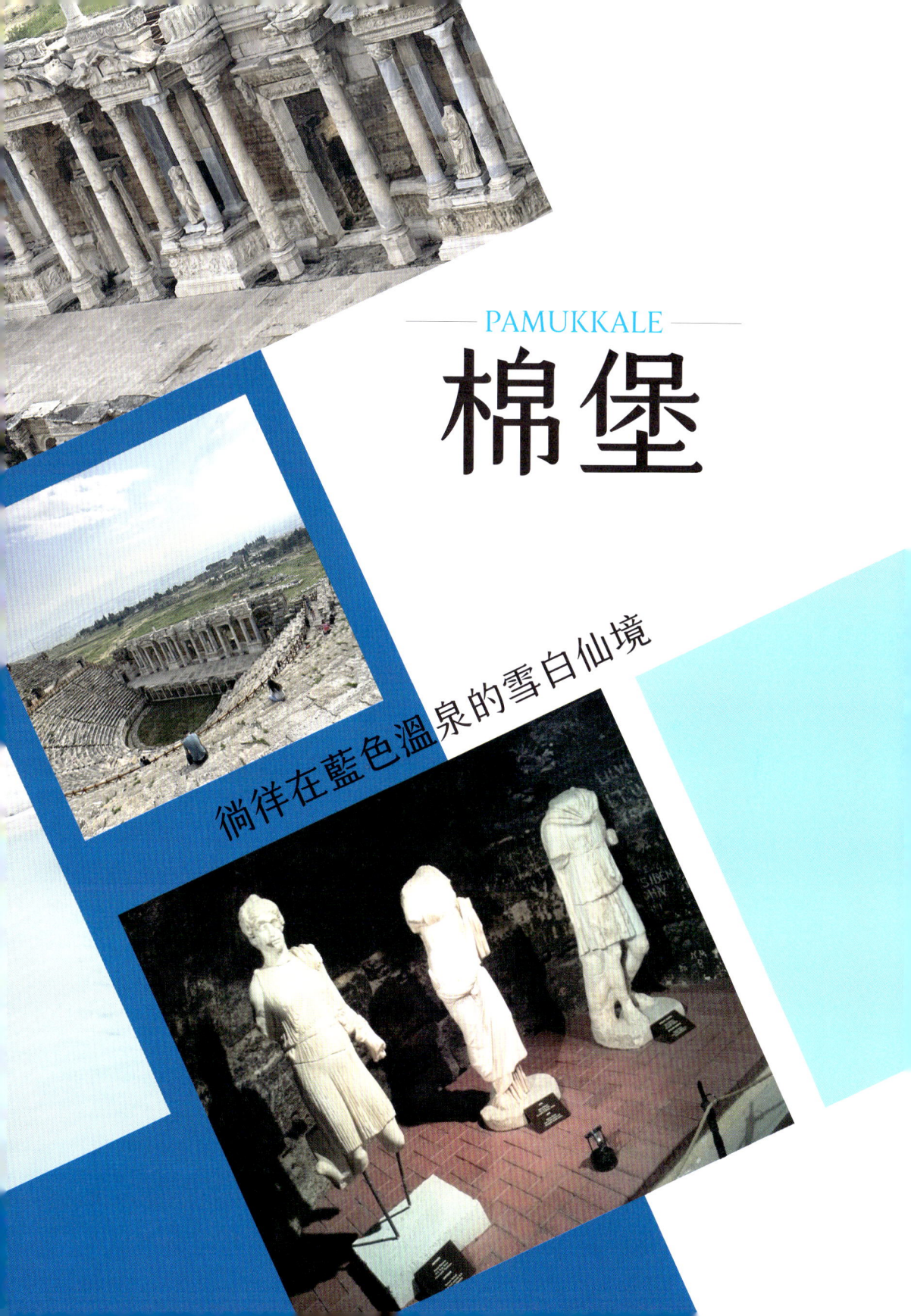

棉堡

徜徉在藍色溫泉的雪白仙境

棉堡
PAMUKKALE

棉堡

　　世界上少有與之相似的棉堡，位在土耳其西南部的代尼茲利省（Denizli），人們稱它為「帕慕卡雷」，意思就是「棉花城堡」。它擁有一個童話故事般的名字，從遠方看上去，踏上這座雪白棉花城堡的人們，都像是來到了巨人國一樣，變成白色棉花上的小小黑影。

　　這座棉花城堡的形成源自於當地所富含的碳酸鈣溫泉水，當這些溫泉水自地面緩緩流過，過程中會冷卻並產生沉積作用，在歷經長時間的沉積作用之下，堆積的碳酸鈣會逐漸形成堅硬的石灰岩層，也就是我們今日所見的棉堡石灰棚。

　　在棉堡石灰棚的不遠處，還有一座著名的希拉波利斯古城，自西元前2世紀開始，人們就深知此地溫泉水的療養功效，紛紛前來棉堡這一帶休養身心，形成一個龐大的養生聚落。

　　從過去繁榮的古希臘城市，到今日土耳其最熱門的旅遊景點，棉堡始終是人們眼中的寶地，它的獨特與珍貴使人們千年以來未曾忘記過它；如同當地人說的：「棉堡，是上天賜給當地最美好的一個禮物。」大概沒有人會否定這句話。

棉堡地圖

1.棉堡完美體現大自然的壯闊／2.走在岩石上的人們看上去非常迷你／3.留存至今的希拉波利斯大劇院遺址／4.擺放在博物館外的石棺及雕塑展示／5.希拉波利斯遺址出土的精緻雕像

173

棉堡交通資訊

長途巴士

其他離代尼茲利較近的出發地如伊茲密爾(İzmir)，可直接搭長途巴士前往代尼茲利巴士總站(Denizli Otogar)，再從巴士總站樓下搭小巴士前往棉堡。

棉堡所在省分代尼茲利(Denizli)位於土耳其西部，西部聚集眾多重要城市，來往西北和西南也都必須經過代尼茲利，因此，從各地前往棉堡，無論是搭乘國內線班機或是長途巴士都非常便利。

▲搭巴士前往棉堡也是一種選擇

國內班機

距離棉堡所在地代尼茲利(Denizli)較遠的城市，建議搭國內線班機至代尼茲利查達克機場(DNZ)，從機場搭小巴士可直達棉堡(Pamukkale)；以伊斯坦堡出發為例，旅行總時數約3.5小時。

計程車

棉堡及周邊的各個景點基本上步行都可以抵達，無須另外租車；如遇上天候狀況，停車場外也有計程車等候站，與司機談好目的地和價格即可出發。

▲搭乘國內線班機前往棉堡，提早購票更划算

必遊景點探訪

置身羅馬遺跡的古代泳池
遺址溫泉游泳池
Hierapolis Antik Havuz

🌐 muze.gov.tr(在網站上方搜尋「Pamukkale」)｜
🕘 Pamukkale／DENİZLİ｜📍 09:00～19:00，季節性開放時間以現場公告為主｜💲 340里拉｜🚌 請見P.174，離「南門入口處」最近｜⏳ 1小時

這座溫泉游泳池位在棉堡風景園區中央靠近南門入口處(South Gate)的位置，它的形成源自於西元7世紀那場毀滅性的大地震，當時城市裡有許多建築物發生倒塌，而原先在這個地方的建築也難逃此劫，在倒塌和下陷之後，一根根的大理石柱就此倒臥至今，形成現在所見的遺址溫泉游泳池。

對當時的人們來說也許是個大災難，但是對今日的旅人來說，和古代王國的遺址共游確實是非常難得的體驗！

擁有療效的溫泉水可飲用

溫泉游泳池水溫終年維持在攝氏35度左右，最高溫不超過攝氏57度，由於溫泉水中富含碳酸鈣、二氧化碳和鐵等，對人體有正面療效的成分，當地人習慣用它來沐浴。泉水不僅為人們帶來身體的滋養，也成為一種暖心的陪伴，在每一次的沐浴中，洗滌疲憊，療癒心靈，為明日開啟全新的一天做準備。

Tips 入園注意事項

為保護石灰棚地形，入棉堡風景園區須脫鞋赤腳，建議帶上空間夠大的後背包、束繩後背包或者手提袋。此外，白色的石灰棚在天氣晴朗時容易反光，務必隨身攜帶墨鏡，需要時就能派上用場，保護自己行走時的安全！

1.泳池一覽／2.旁邊還有販賣部喔

棉堡｜交通資訊・必遊景點探訪

雪白梯田的碳酸溫泉池

棉堡石灰棚與希拉波利斯遺址
Hierapolis (Pamukkale) Arkeoloji Örenyeri

muze.gov.tr(在網站上方搜尋「Pamukkale」) | Pamukkale／DENİZLİ | 08:00～17:00，最後入場時間為16:30 | 30歐元 | 請見P.174 | 3小時

棉堡石灰棚(Pamukkale Travertenleri)高160公尺，長2.7公里，如此壯觀的天然奇景是來自地質中含有碳酸鈣的溫泉水，當它湧出並從地層表面流過，在歷經長時間的沉積作用，逐漸堆積成堅硬的石灰棚。

世界上僅有少數幾個地方擁有這麼特殊的地表景觀，例如：美國黃石公園(Yellowstone National Park)、中國四川黃龍風景區。土耳其的棉堡共有17座溫泉，溫度終年介於攝氏35～100度，吸引許多來自世界各地的遊客前來療養。

貴族的療養溫泉池

當旅人走過一階又一階的石灰棚，位在其上方的是著名的希拉波利斯古城(Hierapolis)，它是一座歷經了希臘文化、羅馬帝國和拜占庭帝國統治與洗禮過的城市，最早由西元前2世紀的帕加馬王國(Pergamum)國王歐邁尼斯二世(Eumenes II.)所建立，如今聳立的建築多為西元60年後建造，是一座採用網格式規畫，具有相當系統的古城。

由於當地以溫泉聞名，自古以來便吸引許多貴族和傷患前來療養，進而形成希拉波利斯這座充滿泉池、醫院、神廟和墓園的古代城市，見證著人們的生老病死。

列為世界文化遺產

雖然希拉波利斯古城在7世紀的一場大地震中毀損，但至今依然可見到當時留下的建築遺跡。12～13世紀它曾短暫地成為塞爾柱帝國的

棉堡　必遊景點探訪

一部分，可仍舊逃不過被廢棄的命運，最終在14世紀一場大地震後，再也無人問津。

1988年，聯合國教科文組織(UNESCO)將棉堡石灰棚和希拉波利斯遺址納入世界文化和自然遺產，再次引起廣大遊客的關注。

當大批遊客紛紛來到棉堡，土耳其政府為了更有效保護當地這個世界奇景，目前規定入園必須脫鞋、赤腳行走，以免鞋底破壞棉堡的石灰岩地表；建議想來遊玩的旅人，可自行準備束繩背包收納鞋子，方便攜帶，也讓行走和拍照更加安全。

Tips　注意路面，避免跌倒

請特別注意，在棉堡時常發生遊客跌倒受傷的意外事件，為了保護自己和他人的安全，參觀期間注意腳下路面，避免行走於崎嶇不平或潮濕滑溜的岩石上，保持警覺和小心，能夠有效地降低意外發生的風險，安心地享受這片美麗的景色。

1.殘破不堪的古城遺跡，讓旅人窺見古人生活的真實樣貌／2,3.希拉波利斯大劇場遺址／4.天氣有點陰冷，還是有不少遊客慕名前來／5,6.站在白色巨石間，感受溫泉水自雙腳間流過／7.在壯觀的棉堡，度過美好的週末／8.走上石灰棚向下望，放眼望去看見的是這座公園

177

棉堡 Pamukkale
深度漫遊 1

治癒人們身心靈的溫泉療養聖地

棉堡，以白色石灰梯田和天然溫泉而名聲遠播，自古以來便是安納托利亞的世外桃源，吸引無數旅人前來浸泡與療癒身心。當人們發現了這地方有一種神奇的溫泉水，自地表上清澈而緩慢地流過，便已注定了這片土地不凡的命運；它始終要與人類相伴，尤其是那些患有疾病且痛苦難耐的病患，流過此地的溫泉水，成為了他們生命最後的溫暖。

古羅馬的治病水療中心

那是很久以前的故事，大約西元前2世紀開始，這裡就是人們心目中最佳的水療中心，緩緩流過的溫泉水，有如病患眼中的希望，不論是治療疾病、減輕疼痛，或是滋養和療癒心靈的功效。有人養好病離開了這裡，也有人不敵病魔的摧

漸封於塵土之下，直到19世紀末……

那是1887年，德國考古學家卡爾·胡曼(Car lHumann)在當地發掘了希拉波利斯遺址，正式開啟了近代人對這座古代城市的奇特想像。1957年，義大利科學家保羅·費索尼(Paolo Verzone)開始研究古城遺址，人類才對希拉波利斯有更進一步的認識，其中重要的遺址由南往北分別是大劇場(Theatre)、阿波羅神殿(Temple of Apollo)、圖密善之門(Arch of Domitian)和大墓地(Necropolis)。

1988年，希拉波利斯遺址確定被列為世界文化遺產，關於它的故事仍在繼續。

最美好的相遇與體驗

我與它的相遇，是一段十年前與十年後的故事，從陌生到熟悉，之間渲染的是無數的青春和回憶。初次踏足這片雪白的土地，早已被它獨特的地形和古老的遺跡所吸引，漫步在奇特的岩石結構間，我不禁訝異：「世上真有這麼神奇的地方。」若來到這世界上需要購買一張門票，那麼，走過棉堡石灰棚和希拉波利斯古城，便是一件值回票價的生命體驗。

第二次，我帶著台灣家人來訪，這裡是爸媽最喜歡的景點之一，他們走在石灰岩爬上爬下，彷彿又一次地擁有年輕活力，而我也深深珍惜著這份與棉堡的緣分，期待下一次再度相逢，重拾那份溫暖與懷念。

來日再見，棉堡！

1.古代市集遺址，可以想像當時繁榮的景象／2.未能從療養中康復的病人，死後安身於大墓地／3.遊走在遺址間，想像古代人的生活／4.市集街道的末端著名的圖密善之門，是為了榮耀當時的羅馬皇帝圖密善而建／5.古代市集遺址，可以想像當時繁榮的景象

殘，最終直接安葬在不遠處的大墓地裡。

後來的帕加馬王國(Pergamum)國王歐邁尼斯二世(Eumenes II.)建立了希拉波利斯(Hierapolis)，意為「聖城」，原來的水療聚落逐漸擴張形成了繁榮的城市，也在此孕育出美麗的生活文化。

列為世界文化遺產

不幸地在7世紀時，希拉波利斯先是遭受波斯軍隊摧毀，又在一場大地震中嚴重毀損，自此踏上了漫長的復原之路。雖然還不至於淪落為一座鬼城，但是與往日的繁華之景已相去甚遠，幾世紀以來的多場大地震，讓這座古城漸

不可錯過

羅馬浴場改建的博物館
希拉波利斯考古博物館
Hierapolis (Pamukkale) Arkeoloji Müzesi

🌐 www.pamukkale.gov.tr/en/Museums(選擇「Pamukkale　Hierapolis」) | 📍 Pamukkale／DENİZLİ | ☎ +90 258 272 20 34 | 🕐 08:00～17:00，最後入場時間為16:30 | 💲 進入棉堡園區票價30歐元，包括希拉波利斯遺址和考古博物館 | 🗺 請見P.174，離「南門入口處」最近 | ⏱ 1小時

西元1970年，土耳其政府將原先的羅馬浴場改建為這座考古博物館，並在1984年正式開放給遊客參觀。作為羅馬浴場遺址的一部分，這座博物館的結構保存完好，展現古代羅馬浴場的宏偉設計，寬敞的展廳曾經是熱水浴場、冷水浴場和健身區，現在則被用來陳列珍貴的文物。博物館的展品豐富多樣，涵蓋了從古希臘到拜占庭時期的藝術品與文物。

文物主要分為三大類：第一類是古希臘至羅馬時代別具特色的石棺和優雅獨特的造型雕像，從石棺、雕像到墓碑，都能看見希臘羅馬時代的審美觀和藝術應用於生活中的展現。第二類則是從希拉波利斯遺址中出土的各式文物，包括器皿、耳環、項鍊、戒指和不同的金屬硬幣，可一窺當時人們的生活樣貌。第三類是來自大劇場的精美浮雕，雖然大劇場過去的富麗已不在，但考古博物館會

180

永久的保存著它的這段歷史。

其中,最具吸引力的展品之一莫過於大量精美的石棺,這些石棺展示古代工匠高超的雕刻技術以及對死亡儀式的重視,由於希拉波利斯被認為是一個療養之地,許多人在此終老,這也是為何當地出土如此大量墓葬設施之緣故。

聯合國教科文組織(UNESCO)在1988年,將棉堡和希拉波利斯古城列為世界複合遺產,亦即「文化和自然雙重遺產」,為土耳其除了卡帕多奇亞地區以外,唯一一個複合式遺產,促使這座考古博物館在日後扮演著歷史文化遺產保護、教育和學術研究的重要角色。

浪漫的棉堡傳說

棉堡不僅地名可愛,讓人富有想像,在土耳其當地其實還有個特別浪漫的傳說,在這個傳說中,講述了棉堡地形是如何形成。據說很久以前,這一地區住著一位英俊的牧羊人安迪密恩,年輕帥氣的他愛上了月亮女神瑟莉妮(Selene),而安迪密恩為了約會,竟然忘記自己的每日例行公事,也就是擠羊奶,待沉浸在浪漫和喜悅中的他再次回到山丘上時,白色的羊奶早已慢慢流淌而下,覆蓋了整座山丘,也就形成了今日的「棉堡」。

當然,這段傳說故事只是當地人對於自然奇景的浪漫想像,並無正確的科學根據,但這個美麗的傳說無疑為棉堡增添了一層神秘與浪漫的色彩。或許,當你漫步在這片白色的奇景中,也會不禁聯想到這個有關牧羊人與月亮女神的愛情故事呢!

1.擺放在博物館外的石棺及雕塑展示/2,4,6.雕像的五官和輪廓依然清楚可見/3,5.原屬於大劇場的華麗浮雕,精巧的工藝令人佩服/7,8.古城出土之陶器、硬幣等文物

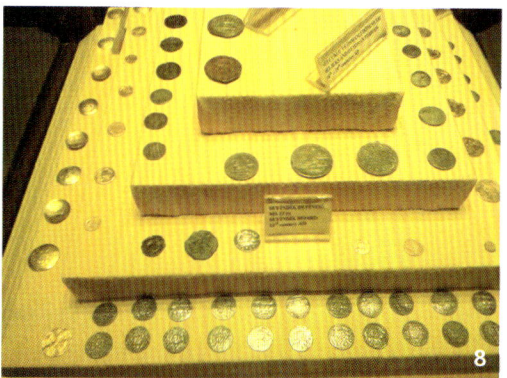

道地美食

旅行了漫長的路途，終於來到棉堡。當地的餐廳多以溫馨的家庭式氛圍為特色，為旅人提供親切的用餐體驗，也促使每一次的造訪都宛如置身在家般舒適。本單元將介紹旅人，棉堡好吃的美食餐廳，相信漫步過棉堡石灰棚的大家，都能在此獲得滿滿的元氣。

高CP值的家庭餐館
Hiera Coffee & Tea House

Memet Akif Ersoy Blv, No:53A, Pamukkale／DENİZLİ | +90 552 709 39 33 | 13:00～02:00 | 週日 | 棉堡小鎮Memet Akif Ersoy大道上

　　深受旅人歡迎，來棉堡必吃的餐館。這是一家餐點美味且分量充足的土耳其料理家庭餐館，它之所以吸引許多人來用餐，是因為他們的主餐食材多元且令人飽足，老闆和員工也十分親切友善。請注意，為確保餐點及服務品質，來用餐前須先向店家預訂座位。

正宗的土耳其烤肉料理
GARSON SÜKRÜ

www.garsonsukru.com | Gökpınar Mah, Atatürk Blv, No:33, Denizli Merkez／DENİZLİ | +90 258 266 67 82 | 11:00～00:00 | 棉堡小鎮Atatürk大道上

　　不僅是代尼茲利最具指標性的土耳其餐廳，還兼顧了環境、服務、衛生和食材方面的講究。主餐除了經典的烤肉料理，比較少見的醬汁烤肉(Soslu Kebaplar)，像是Ali Nazik和Çökertme也要點來品嘗一番，甜點則推薦冰淇淋小麥哈爾瓦(Dondurmalı İrmik Helvası)、無花果蜜點(İncir Tatlısı)、南瓜蜜點(Kabak Tatlısı)。

可以放鬆小聚的燒烤酒吧
Kayas Bar Restaurant

Kayas Bar Restaurant | Atatürk Cad, No:3, Pamukkale／DENİZLİ | +90 534 561 10 80 | 10:45～00:00 | 棉堡小鎮Atatürk街上

　　這家燒烤酒吧適合三五好友一起閒聊用餐，餐廳以庭院作為主場，用各色的燈泡和瓶罐在枝蔓間點綴著，是個放鬆心情的好地方！烤魚、烤肉和蘑菇燉羊肉都是他們店內的招牌菜。他們也提供各式酒類和水煙，有足球賽事時還能從大螢幕觀賞球賽呢！

住宿推薦 HOTEL

Bellamaritimo Hotel

www.bellamaritimohotel.com｜Menderes Cad, No:46, Pamukkale／DENİZLİ｜+90 544 271 05 34｜經自然公園左轉進Menderes街

這家旅館是棉堡小鎮上最受旅人青睞的平價旅館，住宿環境十分幽靜，房間和浴室乾淨整潔，附設陽台和游泳池。所在位置的交通便利，步行即可抵達許多地方。受到廣泛好評的是他們美味又豐盛的早餐，還有員工親切友善的服務。

1.舒適的用餐環境／2.幽靜的住宿環境／3.乾淨整潔的房間

Venus Suite Hotel

www.venussuite.com｜Hasan Tahsin Cd, No:19, Pamukkale／DENİZLİ｜+90 258 272 22 70｜自Mehmet Akif Ersoy大道轉入Hasan Tahsin街後，位在Sümbül路上

棉堡評價最優的這家飯店，戶外庭院環境優美，附設游泳池，適合一家大小入住。室內及房間的主要牆面上以鄂圖曼藝術和伊茲尼克磁磚的花草作為裝飾，在空間的氣氛營造上整體來說十分雅致，處處可見設計師的巧思；房間乾淨且舒適，員工服務貼心，對旅人來說是棉堡當地的最佳選擇。

Hierapark Thermal & Spa Hotel Deluxe

www.hieraparkhotel.com｜Karahayıt Mah, 127 Kızılseki Sok, No:15, Pamukkale／DENİZLİ｜+990 258 271 46 16｜自Belediye街轉入127 Kızılseki路

作為棉堡當地的四星級飯店，Hierapark除了提供寬敞舒適的房間設備、專業且熱誠的服務之外，更附設現代感泳池，到了夜晚還有現場音樂演出，為旅行增添歡樂氣氛。

其中，飯店的溫泉池是一大亮點，來自棉堡溫泉的天然泉水讓身心倍感舒適，據說還有促進血液循環、放鬆肌肉的功效，許多旅人喜愛在這裡享受溫泉，感受假期的寧靜。除此之外，飯店也提供各種休閒設施，包括健身房、SPA、和戶外活動，成為棉堡地區極受歡迎的住宿選擇。

棉堡　道地美食・住宿推薦

旅行故事

在棉花城堡感受生命的
奇蹟與幸福

Stories

1.保存很完整的大劇場遺址／2.站在溫泉水裡，秋天的一大享受／3.和家人一同旅遊棉堡／4.站在階梯上看著棉堡美景，願時間停留在此刻／5.在棉堡遇到的可愛流浪貓

與棉堡的初次相遇，這趟旅程的記憶格外鮮明，一切是從伊斯坦堡阿塔圖克機場裡的一家咖啡館開始。我們搭乘清晨飛往代尼茲利的國內線班機，在機場候機坐椅全滿的情況下，找一家咖啡館坐下來休息是最合適不過的，尤其是一家有著沙發的咖啡館。

清晨1點半的咖啡館顧客稀少，店員在端上咖啡後對我說：「早班飛機很累人，躺下睡一覺吧！」在向她道謝後，我堅持在沙發扶手上以左手撐頭，試著用這樣的姿勢入睡。不曉得是那杯咖啡發揮了作用，還是心中期盼見到棉堡的情緒被牽動著，竟然未有絲毫的睡意……

最後，在廣播聲中聽見登機門被更動至遙遠的另一端，才匆忙離開那家溫馨的咖啡館，一邊拿著還未喝完的咖啡，一邊往那扇位在遠處的登機門奔跑著。上了飛機後倒頭直睡，醒來時班機早已降落在代尼茲利的查達克機場。當時飛機究竟是如何起飛，飛行途中經歷過哪些，直到現在回想起來仍是一片空白。

彷彿進入潘朵拉星球的奇景

　　搭了兩班巴士，一個多小時後，這才抵達棉堡風景園區。9月中的代尼茲利有著微微的寒意，在沒有什麼陽光的陰天裡，雪白的棉堡看上去有如巨大的冰山一般，讓人猶豫著到底該不該勇敢向前探險。進入石灰棚一帶必須打赤腳，踩在白色的岩石上，腳底感到又冰又刺，在一番上上下下的攀爬後，終於看見湧流於石道間的溫泉水。

　　一腳跨入溫泉水中，微微的暖意自腳底升起，舒暢地流向身體各個部位，回頭一看，優美的園區景觀映入眼簾，能看見這道風景，前面的波折霎時不算什麼了！

　　走過壯觀的石灰棚，穿梭在希拉波利斯遺址之間，有一瞬間我便相信在2,000年前的那個時空裡，居住在這地方的人們一定是當時世界上最幸福的一群人之一。因為一邊是華美的石造城市，一邊是夢幻的自然奇景，宛如電影《阿凡達》中的潘朵拉星球那般奇幻美妙。

　　雖然說絕大部分的人是來這裡養病的，甚至最後在這離開人世，被埋葬在那些刻有故事的石棺裡，但是這裡的人們始終相信，死亡並非一個充滿未知和迷茫的結局，而是個讓病痛有所解脫，前進一個更美麗的世界的通道。

　　棉堡，是古人眼中的人間仙境，而對我們這些現代旅者來說，又何嘗不是呢？

作為一個集合西方歷史和宗教文化的重要城市，伊茲密爾如同「土耳其的羅馬」，將最珍貴的古代遺跡完整保存下來，讓旅人有機會一窺古人的生活風采。準備好前進這座希臘化時代與羅馬帝國時期的大都會區嗎？

İZMİR
伊茲密爾

文化、藝術、美食的最佳城市

伊茲密爾
İZMİR

伊茲密爾

伊茲密爾，土耳其第三大城、第二大港，這座位在愛琴海東南方的城市，港口貿易繁榮興盛，城裡共住450萬人。伊茲密爾是地中海地區最古老的城市之一，相傳古希臘詩人荷馬出生於西元前9世紀的伊奧尼亞，即位在今日的伊茲密爾省(İzmir)境內。

關於這座城市的記載始於古希臘時代，它的舊名士麥那(Smyrna)，自西元前4世紀開始大力建設，不僅是西方歷史中重要的城市之一，也是早期基督教會的所在地。穿越了希臘化時代與羅馬帝國時期，亞歷山大大帝縱橫而過，基督使者傳教步行，伊茲密爾因此吸引了無數熱愛歷史人文的旅人，以及信仰虔誠的朝聖者前來旅遊，最著名的景點非以弗所古城莫屬。

從15世紀鄂圖曼帝國將伊茲密爾納入版圖起，它就成為了土耳其人的城市，但是對民族、宗教採行寬容政策的鄂圖曼帝國，並未驅離長住當地的希臘居民，而是彼此尊重共處，直到20世紀初由土耳其國父凱末爾倡導的民族主義崛起之際，基於政治因素，希臘人逐漸搬離伊茲密爾。

這也使得伊茲密爾不僅在城市樣貌上和希臘相似，人文風情也頗為接近，一直以來都有「土耳其最西化」城市的稱號，位在該省境內的阿拉恰特，就是個帶有希臘風情的特色小鎮。

走在今日的伊茲密爾，它有整齊的街道、迷人的海岸，可以大啖海鮮、暢快飲酒，還能一步步認識城裡的人文歷史，還有哪個土耳其城市比伊茲密爾更加愜意自在呢？

1.著名的伊茲密爾鐘塔／2.科登海岸充滿歷史意義的雕塑／3.以弗所大劇院遺址／4.富有愛琴海風情的阿拉恰特房屋／5.作為古老城市，伊茲密爾收藏豐富古蹟和文物

伊茲密爾交通資訊

位於土耳其西部，又屬第三大城的伊茲密爾，無論從土耳其任一城市出發，搭乘何種交通工具，都和伊斯坦堡一樣，比其他小城市而言相對方便，因此，想到伊茲密爾旅遊，旅人可搭乘土耳其的國內線班機或是長途巴士前往。

旅人可依照自己的旅行計畫，決定往返伊茲密爾的交通方式，以及在伊茲密爾的停留地點。飛往伊茲密爾的國內線班機會降落在伊茲密爾阿德南曼德里斯機場(ADB)，長途巴士則停靠在伊茲密爾巴士總站(İzmir Otogar)。

▲前往伊茲密爾的交通方式多，輕鬆享受跨城市旅行

大眾運輸

臨海的伊茲密爾和伊斯坦堡相似，發展出多元的大眾運輸系統，例如：公車(Otobüs)、地鐵(Metro)、渡輪(Vapur)以及İZBAN城市列車。而搭乘這些交通工具的方式也很簡單，只要有一張伊茲密爾卡(İzmirim Kart)在手，就可以遊玩伊茲密爾各地！

伊茲密爾大眾運輸路線圖

伊茲密爾卡(İzmirim Kart)

首次購買須支付卡片費用100里拉，例如：以150里拉買卡片，會有50里拉餘額可使用。

交通工具	票價	備註
公車、地鐵、渡輪、電車	17.5里拉	市區90分鐘內轉乘一次享5折優惠
İZBAN城市列車	16.48里拉	10公里後每公里加收0.54～0.9里拉

Tips　伊茲密爾卡販售處

- İzmirim Kart 官方網站：www.izmirimkart.com.tr
- İZBAN 列車站：Adnan Menderes Havalimanı 機場站、Şirinyer
- 地鐵站：Bornova、Halkapınar、Konak、Fahrettin Altay

目的地 / 出發地	阿德南曼德里斯機場	伊茲密爾巴士總站
往伊茲密爾市區	İZBAN城市列車至Hilal站，再轉乘地鐵至Çankaya或Konak站	302號公車至Konak站
往以弗所(Efes)	İZBAN城市列車至Selçuk站。或搭小巴士前往以弗所	302號公車至Kemer站，再轉乘İZBAN城市列車至Selçuk站。或搭小巴士前往以弗所
往阿拉恰特(Alaçatı)、切什梅(Çeşme)	İZBAN城市列車至Hilal站，再轉乘地鐵至Üçkuyular站。也可搭Çeşme Seyahat巴士前往阿拉恰特或切什梅	Çeşme Seyahat巴士前往阿拉恰特或切什梅

伊茲密爾市區

伊茲密爾市區地圖

　　伊茲密爾是 20 世紀以後才開始使用的年輕名字，而此前它有個已經使用了至少 3,000 年的名字——士麥那 (Smyrna)，一個從古希臘時代流傳下來的地名。

　　這座望向愛琴海的城市，充滿浪漫自由氣息，分為 9 個行政區，以臨海的科納克區 (Konak) 最為熱鬧繁榮。

　　科納克區是伊茲密爾市區中人口最稠密的區域，也是當地的行政中樞和商業區，對外它是土耳其西部最發達的國際商港，從西元 16 世紀開始便有歐洲商船停靠在此，對內它則有密集而便利的大眾運輸系統，促進市區迅速地與其他地區連結在一起。

　　來到伊茲密爾市區，在海風吹拂的愜意與自由下，旅人將便捷的地鐵站作為旅行跳板，不論是參觀歷史悠久的坡旅甲教堂、逛逛著名的克茲拉哈斯市集，還是與象徵伊茲密爾的鐘樓拍張照，都能體會到這座城市的驚喜和魅力。

191

伊茲密爾指標性廣場

科納克廣場
Atatürk Konak Meydanı

🌐 www.visitizmir.org(在網站右上方搜尋「Konak」) | 📍 Cumhuriyet Blv, Konak/İZMİ | 🕐 24小時開放 | 🚇 搭乘地鐵至Konak站，出站後步行2分鐘 | ⏱ 1小時

位在伊茲密爾市中心的科納克廣場，鄰近Konak地鐵和渡輪站，聞名全國的它不僅是伊茲密爾的象徵性地標，往來廣場一帶的人潮更是眾多熱鬧，不遠處有寬敞的海岸大道，各式餐廳、咖啡館、商店都聚集於此。

小巧精緻的柯納克清真寺

又被稱為亞勒清真寺(Yalı Camii)，是由西元18世紀治理該地區的卡蒂布扎德·穆罕默德·帕夏 (Katibzade Mehmed Paşa) 其妻子艾謝女士(Ayşe Hanım)贊助建造，從1755年開始興建，歷經了將近二十年，最後在1774年完工。

這座清真寺採用古典鄂圖曼建築風格，擁有優雅的圓頂和尖塔，建築呈八角形，牆面以精緻而多彩的屈塔希亞(Kütahya)磁磚拼製而成，因而吸引許多遊客到訪。

屈塔希亞和伊茲密爾相同，早在羅馬帝國便已有相當的發展，隨後經歷東羅馬帝國、塞爾柱帝國、十字軍東征，終在1428年成為鄂圖曼帝國的一部分，該地主要生產有品質的磚瓦及陶瓷，屈塔希亞磁磚因而聞名整個安納托利亞，不少知名建築的牆面都可見到它的身影。

具代表性的伊茲密爾鐘塔

然而，在科納克廣場上最出色顯著的地標，仍屬1901年落成，坐落在科納克廣場的伊茲密爾鐘塔(İzmir Saat Kulesi)。這座鐘塔由法國建築師Raymond Charles Père設計，融合新古典主義與鄂圖曼建築風格，是為了紀念蘇丹阿卜杜勒·哈米德二世(II. Abdülhamit)登基25周年而建，因此塔高有25公尺；4座噴泉環繞於底部，最上方的時鐘則是德國皇帝威廉二世

(Wilhelm II)所贈予的禮物。

無論是白天或是夜晚，伊茲密爾鐘塔在光影的投射下，散發出獨特的浪漫情懷；它猶如一座守護者，屹立在城市的中心，乘載著豐富的歷史和文化，彷彿在述說著城市的過去與現在；同時，它也是這座城市的指南針，為遊走在伊茲密爾市區的人們指引方向，更是這座城市的居民生活的一部分。

1.作為整座城市的焦點，伊茲密爾鐘塔展現深刻的歷史和文化底蘊／2,3.站在科納克清真寺前，與屈塔西亞瓷磚合照

伊茲密爾　伊茲密爾市區

歷史悠久的街道集市
腰帶下集市
Kemeraltı Çarşısı

http izmir.ktb.gov.tr/TR-77370/kemeralti.html
Konak Mah, Anafartalar Cd, Konak／İZMİR
08:00～19:00　休 週日　搭乘地鐵至Konak站，出站後步行8分鐘　2小時

擁有如此有趣名字的「腰帶下集市」，其範圍包括露天市場與室內市集，是伊茲密爾市區頗為著名的集市，也是整個市區最擁擠的區域。在這裡除了可以找到各式各樣的土耳其傳統器具和裝飾品，例如：馬賽克燈、絲巾、地毯、古董等，還能品嘗道地的土耳其美食，烤肉料理、多種甜點應有盡有。

市集最初是圍繞著一條長街而形成，15世紀前後，它被稱為梅夫萊維斯街(Mevlevis)，17世紀期間，這條街道被填平重建，市集得以隨著後來興建的建築大面積擴展。在腰帶下集市內，最著名的歷史建築莫過於西元1598年建造的希薩爾清真寺(Hisar Camii)，置身於擁擠巷道內，信仰與生活全然交織在一塊。

隨著貿易時代的來臨，1744年建造的克茲拉厄斯商隊驛站(Kızlarağası Han)正式完工，腰帶下集市的人流更是熱絡，但如今，這間驛站已被改為市集使用，叫作克茲拉厄斯市集(Kızlarağası Çarşısı)，樓上為商店使用，樓下有露天咖啡座，供來往的旅人在此喝上一杯。

在熱鬧的腰帶下集市中，逛街購物，享用美食

193

伊茲密爾最古老和最大的清真寺

希薩爾清真寺
Hisar Camii

🌐 izmir.ktb.gov.tr/TR-77392/tarihi-camiler.html | 📍 Konak Mah, 904.Sok, No:52, Konak／İZMİR | ⏰ 每日非禮拜時間開放 | 💲 免費 | 🚇 搭乘地鐵至Çankaya站，出站後步行3分鐘 | ⏳ 0.5小時

　　落成於西元1598年，是伊茲密爾當地最古老和規模最大的清真寺，其建築本體為典型的鄂圖曼建築風格，由一個中央大穹頂和周圍多個小穹頂組成，室內則以伊斯蘭藝術和書法作裝飾。

　　其中，最特別的是清真寺的大門上以阿拉伯文寫著「أنما نك هلخد نمو」，意思是「無論誰進入，他都是安全的」，充分展現了「希薩爾」

1.位在克茲拉厄尼斯市集東邊的希薩爾清真寺／2.清真寺外的長廊上鋪著地毯，提供穆斯林在主麻日做禮拜

這個字在土耳其文中「要塞」的意義。

　　除了提供穆斯林做禮拜，它的前廣場也設有小型簡餐館，可以提供當地人度過閒暇時刻的場所。

紀念聖坡旅甲的天主教堂

坡旅甲教堂
Aziz Polikarp Kilisesi

🌐 www.senpolikarpizmir.com（左側＋可選擇英語） | 📍 Akdeniz Mah, Necati Bey Blv, No:2A, Konak／İZMİR | 📞 +90 232 484 84 36 | ⏰ 15:00～17:00 | 休 週日 | 🚇 搭乘地鐵至Çankaya站，出站後步行5分鐘 | ⏳ 1小時

　　西元1620年代，在得到鄂圖曼帝國政府的許可後，自一個紀念聖坡旅甲的禮拜堂改建而成，落成於西元1625年，保持初衷以聖坡旅甲為名，紀念他為信仰所做的犧牲與奉獻。

　　聖坡旅甲(St. Polycarp)出生於西元69年，是2世紀時士麥那的主教，相傳為約翰的門徒，

坡旅甲教堂牆上壁畫不僅精美，也傳遞了宗教故事，但教堂內嚴禁拍照

著有《腓立比教會書》，聖坡旅甲於86歲時殉道，是基督教會歷史上最早留名的殉道者。

　　此外，士麥那也是《新約聖經》中《啟示錄》提及的七教會之一，因此，位在伊茲密爾的坡旅甲教堂在基督教中占有相當重要的宗教地位。

年輕人最愛的海岸公園

科登海岸
Kordon Alsancak Izmir

📍Alsancak Mah, Konak／İZMİR｜🕐24小時開放｜🚇搭乘地鐵至Çankaya站，出站後步行15分鐘；或搭乘İZBAN城市列車至Alsancak站，出站後步行10分鐘｜⏳2小時

來到伊茲密爾，參觀著名的歷史建築，體驗當地的文化風景之外，最不能錯過的便是當地年輕人，最喜歡前來散步、曬日光浴和野餐的科登海岸了！科登海岸由共和國廣場(Cumhuriyet Meydanı)開始，一路向東北方延伸至伊茲密爾商港(İzmir Limanı)為止，是一條長達2公里的臨海綠地公園。

氛圍迷人又放鬆的科登海岸，白天充滿了活力和生機，人們在這裡散步、慢跑，坐在海邊的長椅上欣賞海景，又或者躺在草地上曬日光浴，和自己的狗兒玩耍，全家人一起席地野餐；沿著公園另一端的街道，還可以看到許多咖啡館、餐廳和商店，深受當地居民和遊客的喜愛。

夜晚的科登海岸，則是燈火通明，響起快節奏的樂曲，並且隨著汽車的喇叭聲和人潮的到來，這一帶變得更加熱鬧；沿街有許多餐廳和酒吧，提供美味的餐食和飲品，是感受伊茲密爾夜生活氣氛，以及享受當地美好時光的最佳地區。

以弗所

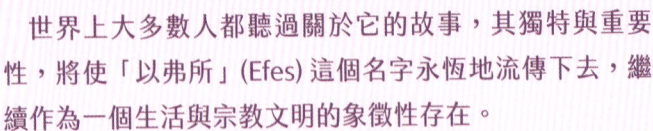

以弗所地圖

　　世界上大多數人都聽過關於它的故事，其獨特與重要性，將使「以弗所」(Efes) 這個名字永恆地流傳下去，繼續作為一個生活與宗教文明的象徵性存在。

　　位在今日伊茲密爾省塞爾柱市 (Selçuk) 的以弗所，根據最早的西臺文獻記載，它是西元前 15 世紀阿爾薩瓦王國 (Arzawa) 的首都阿帕薩 (Apasa)，然而，比較可信的說法則是西元前 10 世紀的古希臘殖民者建立了這座城市。

　　不論起源為何，以弗所確實是一座相當古老的城市，在歷經古希臘、羅馬共和國和羅馬帝國時代，它已為世人留下了珍貴的文化遺產——以弗所遺址，包括已在地震中毀壞的古代世界七大奇觀之一的亞底米神廟、塞爾蘇斯圖書館和大劇院。

　　此外，在基督教中占有重要地位的耶穌門徒約翰 (St. John)，據傳他在耶穌受難前受其重託，帶著耶穌的母親

伊茲密爾 — 以弗所

聖母瑪利亞來到了以弗所城，建立以弗所最早的基督教會「以弗所教會」，也是《新約聖經》中《啟示錄》所提及的七教會之一。

來到以弗所城，聖母瑪利亞的晚年便在今日塞爾柱市山上的一間小屋度過，曾經一度荒廢的小屋，在一段神奇夢境的牽引下，重新為世人所發現，而如今，每年都有成千上萬的旅人到訪，這一間充滿了愛和溫暖的聖母故居。

除了門徒約翰，使徒保羅(St. Paul)也曾以深受古代巫術迷信影響的以弗所城作為傳教基地，他在羅馬監獄中寫下了著名的《以弗所書》——藉由完整且中肯的勸告，希望遠在以弗所的基督徒能夠遠離生活中不潔與不善的事物，過著有品格和追尋真理的生活，走向光明的人生旅程。

繁盛時期曾有 30 萬人居住的以弗所城，6 世紀時曾因河港淤塞，船隻無法停靠，開始失去貿易的功能而逐漸走向沒落，最終仍然逃不過被棄城的命運。15 世紀，在鄂圖曼帝國時代來臨以後，它顯然成為一處廢墟，當年那座偉大城市的光芒不復存在。

世界上保存最完整的古希臘羅馬遺跡

以弗所古城
Efes Örenyeri

muze.gov.tr(在網站上方搜尋「Efes」) | Efes Harabeleri, Selçuk／İZMİR | +90 232 892 60 10 | 08:00～18:00，最後入場時間為17:30 | 40歐元 | 搭乘往Selçuk的İZBAN列車或巴士，到站後轉往Efes的小巴士或步行20分鐘 | 3小時

號稱義大利龐貝古城8倍大的以弗所遺址，是目前已知世界上規模最大、保存最完整的古希臘羅馬遺跡，具有「東方龐貝」或「土耳其龐貝」之稱。關於以弗所城的起源說法不一，目前最早且可信度最高的相關記載，可追溯至西元前10世紀，它是一座由古希臘殖民者所建立的古代城市。

1.古代繁榮的港口大道／2.大劇院遺址／3.塞爾蘇斯圖書館／4.古時的公共廁所／5.哈德良神廟

以弗所的歷史演變與發展

自西元前6世紀開始,以弗所一直是由波斯人統治,直到西元前334年,古希臘馬其頓王國的國王亞歷山大大帝(Alexander the Great),對波斯人發起了長達10年的戰爭,也就是歷史上著名的「亞歷山大東征」,以弗所從此才正式被亞歷山大大帝收復,成為馬其頓王國的一部分。

西元前129年,以弗所城納入羅馬共和國版圖,由於羅馬人的加強建設和積極發展,到了羅馬帝國時代,以弗所城已是當時規模最大、最繁榮的一座著名城市。

然而,7世紀的一場大地震,震毀了城市裡許多建築物,羅馬人因此投入大量的人力,進行長時間的修復工作;也是此時,以弗所城原來的希臘式建築,開始轉變為羅馬式建築,成就今日多元的建築風貌。

大地震時慘遭震毀的石柱

☕ Take a Break

千萬別錯過必看的千年遺跡

其中,最為知名的景點分別為:港口大道(Liman Caddesi)、大劇院(Antik Tiyatro)、妓院廣告、塞爾蘇斯圖書館(Celsus Kütüphanesi)、哈德良神殿(Hadrian Tapınağı)、公廁、圖拉真噴泉(Trajan Çeşmesi)、克里特斯大道(Kuretler Caddesi)、圖密善神殿(Domitianus Tapınağı)、音樂廳(Odeon)。

此外,當地還有兩座必看的雕像,一座是信使及商業之神愛馬仕(Hermes),以及勝利女神尼姬(Nike),它們都是當今著名品牌的商標靈感來源喔!

若時間允許,旅人還可到以弗所遺址附近參觀古代世界七大奇觀之一的亞底米神殿遺址(Artemis Tapınağı)和以弗所考古博物館(Efes Arkeoloji Müzesi),為以弗所之旅劃下完美句點!

1.亞底米女神像/2.勝利女神尼姬

緬懷耶穌門徒約翰的教堂
聖約翰教堂遺址
St. Jean Kilisesi

muze.gov.tr(在網站上方搜尋「St.Jean」) | İsa Bey Mah, St.Jean Sk, No:4, Selçuk/İZMİR | +90 232 892 60 10 | 08:00～18:00，最後入場時間為17:30 | 6歐元 | 從Atatürk路轉進St. Jean路步行約3分鐘 | 1小時

古教堂建築嚴重毀損，如今僅留下一面高牆

耶穌受難之前託付母親瑪利亞給十二門徒之一的約翰，當時約翰帶著瑪利亞來到了以弗所城，創立七大教會之一的以弗所教會後，他便在這座山丘上度過人生最後的時光，並寫下為人熟知的《約翰福音》。

古時，相傳這山丘上有座約翰之墓，但確切位置不明，西元6世紀，查士丁尼大帝(Justinian I.)便在這片山丘上為約翰建造一座教堂，也就是這座聖約翰教堂。由於伊茲密爾省當地的地震相當頻繁，許多古代建築因此嚴重毀損，聖約翰教堂也不例外，抵擋不了成為一片廢墟的命運，今日所見的教堂柱體和牆面已是多次修復後的樣貌。

安納托利亞公國最古老的清真寺
伊沙貝清真寺
İsa Bey Camii

camiler.diyanet.gov.tr (搜尋「İsa Bey Camii」) | Atatürk Mah, St. Jean Cad, Selçuk/İZMİR | +90 232 892 63 28 | 每日非禮拜時間開放 | 免費 | 從Atatürk路轉進St. Jean路步行約5分鐘 | 0.5小時

建於1375年，是安納托利亞公國(Anadolu Beylikleri)現存最古老的清真寺，這地方當時屬於艾登侯國(Aydınoğulları Beyliği)的疆域，由伊沙貝伊(İsa Bey)統治。清真寺是伊沙貝伊託大馬士革建築師阿里(Ali)所設計，規畫以大馬士革大清真寺為基礎，風格介於塞爾柱和鄂圖曼式建築，有兩大穹頂，以石牆為建築主體，其中大理石部分來自著名的亞底米神殿。

1.建築主體為石材，至今仍非常堅固／2.殿內風格簡單大方，氛圍寧靜悠閒

阿拉恰特

阿拉恰特地圖

　　位在伊茲密爾西部海岸，阿拉恰特(Alaçatı)自西元17世紀開始，便居住許多鄂圖曼帝國的希臘人。然而，1923年，由於一戰時期土耳其與希臘簽署不平等的《洛桑條約》，合法交換兩國不同宗教信仰的公民，希臘的穆斯林被交換至土耳其，土耳其的東正教徒被交換至希臘，總人數高達200萬人，阿拉恰特就是人口交換計畫中的主要城鎮。

　　歷經城鎮被清空、人口被交換，阿拉恰特卻從未失去它的性格，這裡依舊吸引了與她相同頻率的居民，延續它原來的生活精神與態度。今日的阿拉恰特以希臘風格的建築、葡萄園和風車聞名，不僅城鎮風景漂亮，居民的生活方式仍然很「希臘」，自由奔放的情調，散發著濃厚的愛琴海氣息，吸引力十足。

201

兩大宗教融合的「教堂」清真寺

阿拉恰特市場清真寺
Alaçatı Pazaryeri Camii

Yeni Mecidiye Mah, 1005 Sok, Çeşme / İZMİR｜每日非禮拜時間開放｜免費｜自Kemalpaşa街的Köşe咖啡館旁轉進1005號路走1分鐘｜0.5小時

落成於西元1874年的阿拉恰特市場清真寺，其實最初是一座希臘正教堂，1923年土耳其共和國成立後，在著名《洛桑條約》的人口交換計畫下，當地的希臘人離開了阿拉恰特並前往希臘或世界各地，而被交換到當地定居的是信仰伊斯蘭教的土耳其人和東南歐民族，當時這座教堂面臨無人使用並且近乎荒廢的狀態，於是土耳其人將它改為清真寺使用至今。

基督徒與穆斯林共同保護

更改為清真寺使用至今，它不僅是穆斯林的宗教場所，當地的希臘正教需要進行重要的宗教活動時，也會在這座「教堂」內舉行相關儀式，它既屬於基督教徒，也屬於穆斯林，它是被共同保護的，是不同族群所共享的。

今日，來自世界各地的基督教徒和穆斯林都十分贊同阿拉恰特人的做法，他們認為這不僅是保護重要歷史建築的文明象徵，更是不同宗教之間相互寬容的最佳典範！

1.看上去十分樸實的市場清真寺，其實隱藏著包容的智慧與精神／2.精美的基督教聖像／3.市場清真寺室內一景

穆斯林在教堂裡做禮拜

豆知識

世代交替變化無常，看似平凡的歷史背景，其實有個不平凡的故事。

雖然名為市場清真寺，但它值得一提的是，當年的穆斯林在將它改為清真寺時，並未試圖改變教堂內部的任何結構、裝飾和聖像，他們沒有把不屬於他們的這一切抹去，而是將教堂完整保存下來，以愛護和尊重的態度使用這座「清真寺」。

每當禮拜時間一到，不崇拜任何偶像的穆斯林會將設置在中央的布簾拉上，此時教堂變成了讓穆斯林專心做禮拜、向真主安拉祈禱的清真寺，待眾人做完禮拜，他們會將簾子再次拉開，這時清真寺又恢復成原本教堂的模樣，是不是很有趣呢？

擁有百年歷史的風車群建築

阿拉恰特風車群
Alaçatı Değirmenleri

📍 Tokoğlu Mah, Uğur Mumcu Cad, Çeşme／İZMİR
🕐 24小時開放　💲 免費　🚌 自Atatürk大道轉進Uğur Mumcu路走3分鐘　⏱ 0.5小時

自西元1850年代便聳立在此的風車群，是阿拉恰特的象徵性建築，從前當地人運用阿拉恰特風大的優勢，建造風車並以風力拉動的方式碾磨小麥，目前當地政府將它列為保護區，一部分開放作為餐館和咖啡館使用。

擁有150年歷史的風車群，結合了當地的地理、歷史和生活文化，吸引非常多的遊客前來，建議想拍照的旅人可以提早出發，避開人潮擁擠時段。

1.彷彿是童話世界裡才會有的風車建築／2.風車群所在地是阿拉恰特小鎮的熱門拍照景點

伊茲密爾　阿拉恰特

美麗浪漫的希臘風街區
阿拉恰特市場
Alaçatı Çarşı

📍Alaçatı Mah, 1057.Sok, Çeşme／İZMİR ｜🕐按照各家商店、餐廳營業時間而定｜🚇自Atatürk大道轉進1057號路，走到底後左轉自Kemalpaşa街進入｜⏳3小時

由於當地的歷史背景，散發濃厚希臘氣息的阿拉恰特市場，是各地的土耳其人夏秋之際最愛前往的度假勝地。沿著街區裡的每一條路走，都可以遇見不一樣的風情，這裡開設多家服飾店、居家用品店、藝術品店、古董店，還有愛琴海風格的民宿及餐廳；逛逛小鎮、拍些照片，走累了就坐在露天座享用點心，這樣的旅行美好極了！

1,3,4.當地充滿了愛琴海風情，每個角落都很適合拍照／
2.阿拉恰特市場中的土耳其藍眼睛紀念品

☕ Take a Break

愛琴海岸的度假天堂

除了阿拉恰特，許多想在夏天度假和游泳的遊客，也會前往阿拉恰特西邊的切什梅 (Çeşme) 享受他們的假期。交通方式和前往阿拉恰特一樣，搭乘前往阿拉恰特的巴士，而它的終點站一定是切什梅。想多花些時間在愛琴海岸度假的旅人，切什梅是很棒的選擇！

☕ Take a Break

阿拉恰特本地海灘

如果不想走太遠，阿拉恰特附近也有著名的 Ilıca 公共海灘，這裡是當地居民和旅人非常喜愛的度假場所。Ilıca 海灘以柔軟的白沙和湛藍清澈的海水而聞名，此地海灘開闊、水域平靜，非常適合全家出遊；然而，大自然力量深不可測，孩童戲水家長務必陪同一旁。此外，Ilıca 海灘周邊設施完善，有各種咖啡館、餐廳，滿足度假期間各種需求。若旅行時間不多，即使不去切什梅也沒有關係，Ilıca 海灘是個相當便利的選擇。

伊茲密爾 izmir
深度漫遊 ①

走訪聖母瑪利亞的晚年故居

緊臨愛琴海，伊茲密爾的每一處都散發著悠閒與愜意。可是許多人並不知曉，當地以弗所旁的那座高山上，隱藏著一個充滿純正能量的靜謐空間，等待著所有渴望被愛啟發的心靈。

有人認為這只是一段傳說，有人對此深信不疑，這段歷史故事在世界宗教中有著極為重要的地位，因為，人類的現在和過去因為這間位在以弗所山上的石屋，而重新有了超越時空的連結。它不僅使來自世界各地的人們齊聚一塊靜心和祈禱，亦堅韌地傳遞著一股柔軟且溫暖的力量。

約翰創立以弗所教會

相傳這間石屋是聖母瑪利亞的晚年故居，時間要回到耶穌

206

1.在石屋前排隊準備參觀的遊客／2.聖母瑪利亞雕像／3.聖母故居於2015年被列為世界文化遺產／4.石屋旁的聖水泉亭／5.耶穌基督的誕生

即將受難之際,囑託門徒約翰(St. John)照顧母親瑪利亞(Mary),受到奉養之託的約翰,在耶穌受難後帶著聖母瑪利亞一同來到了以弗所城;那是羅馬帝國時代最耀眼和輝煌的一座城市,約翰在此創立以弗所教會,聖母瑪利亞也在這座城裡安度她的晚年,只是這段歷史的細節並未被記錄下來。

聖母瑪利亞的神蹟故事

然而,神奇的事情在1,700多年後發生了!18世紀末,一位從未到過以弗所的德國修女Anne Katharina Emmerich臥病在床,期間不時從夢中感應並見到耶穌受難的過程,以及聖母瑪利亞晚年在以弗所山上的生活情景。

後來和這位修女生活在同個年代的德國作家克萊蒙斯·布倫塔諾(Clemens Brentano)親自拜訪這位修女,並將訪問的內容整理成幾本著作,包括《The Dolorous Passion of Our Lord Jesus Christ》、《The Life of the Holy Virgin Mary》和《Biography of Anna Katharina Emmerich》,這幾本書中的文字完整記錄了德國修女的經歷,也讓後人有機會透過這些書籍,尋找聖母瑪利亞的足跡。

聖母瑪利亞的故居遺跡

西元1881年,一位法國牧師Abbé Julien Gouyet來到了當時已由鄂圖曼帝國統治的以弗所,根據布倫塔諾書中的資料,在以弗所的夜鶯山(Bülbüldağı)上發現了一棟石造房屋遺跡。幾年後,當地教會人員再度上山造訪,他們認定這處遺跡就是聖母瑪利亞當年從巴勒斯坦來到以弗所後的養老居所,並且在原先的遺跡上將石屋重建。

西元1951年,天主教教宗庇護十二世(Pope Pius XII)將這座房屋提升為「聖地」的地位,間接承認了這座房屋從宗教角度來看,就是聖母瑪利亞的故居。不論石屋地處多麼深山,交通不那麼便利,每年仍有成千上萬的教徒和遊客前來拜訪這間石屋,那是宗教賦予人們的力量,也為人類追尋真理帶來某種程度上的希望和動力。

伊茲密爾｜深度漫遊

不可錯過

天主教徒的朝聖地

聖母瑪利亞故居
Meryem Ana Evi

🌐 www.hzmeryemanaevi.com | 📍 Atatürk Mah, Meryemana Mevki Küme Evleri, Selçuk／İZMİR | 📞 +90 530 469 08 34 | 🕐 08:30～17:00 | 💲 500里拉 | 🚗 從Selçuk市區沿著Atatürk街往Meryem Ana公路開車約15分鐘 | ⏳ 1小時

位在以弗所夜鶯山(Bülbüldağı)上的聖母瑪利亞故居，距離塞爾柱克(Selçuk)市區7公里，雖處在深山，但是每年到訪的旅人絡繹不絕，尤其以「朝聖」為目標而參訪此地的天主教徒居多。

這座於西元1951年受到天主教教宗庇護十二世(Pope Pius XII)升為聖地的房屋，原本只是一處荒廢的屋舍遺跡，沒有屋頂、只剩下殘破的牆面，在過去兩百多年來一連串的神奇事件發生後，人們根據過去的資料賦予遺跡新的樣貌，目前的石造建築便是在原來的遺跡上重建的。

1.點燃蠟燭在天主教中有重要的象徵和意義／2.綠樹環繞著聖母瑪利亞故居，環境清幽、氛圍和諧

Tips 入內參觀注意事項

石屋內有聖母瑪利亞的雕像和祭壇，氣氛十分莊重，入內參觀時一定要保持輕聲細語，好好感受一下聖母瑪利亞故居的神聖氣息。

想拜訪聖母瑪利亞故居的旅人，建議在塞爾柱克市區的巴士站或是以弗所遺址周邊搭計程車上山。從市區開車上山約15分鐘，由於山路蜿蜒，雇用一名熟悉地形的當地司機會比較安全，上車前和司機談妥來回的包車費用，就可以開心出遊了！

道地美食

愛琴海風格連鎖特色餐廳
ALAÇATI MUHALLEBİCİSİ

www.alacatimuhallebicisi.com | Tokoğlu Mah, Uğur Mumcu Cad, No:16B, Alaçatı-Çeşme / İZMİR | +90 542 275 47 29 | 09:00～00:00 | 自Atatürk大道轉進Uğur Mumcu路走3分鐘，在風車附近

以「阿拉恰特」為名的這家餐廳，成立於西元2012年，算是很年輕的連鎖餐廳，不過浪漫可愛的風格，加上多元化的菜單，讓它早已在土耳其全國各地開花結果，在其他城市也吃得到。

旅人的打卡拍照勝地

Alaçatı Muhallebicisi以阿拉恰特的愛琴海風格裝點顧客的用餐環境，一貫白色的牆面、藍色窗框、白色桌子、碎花椅子、紫色和紅色的盆栽裝飾，滿滿的愛琴海夏日度假氣息。菜單上，他們有各種不同的餐點，不論是道地的土耳其菜、甜點、飲品，或是速食和簡餐，多種選擇使Alaçatı Muhallebicisi成為土耳其頗受歡迎的連鎖餐廳之一。

必點的乳香脂穆哈列比

不過，來到阿拉恰特本地這家餐廳的客人都有個默契，大家不約而同會點他們家的穆哈列比(Muhallebi)，也就是傳統牛奶甜點，最有名的口味則是乳香脂穆哈列比(Alaçatı Sakızlı Muhallebi)，這味道在世界其他地方都找不到，只有愛琴海一帶才有，除了希臘，把它的口味和香氣完全發揮出來的就是土耳其阿拉恰特人！

如果覺得乳香脂味道太特別，也可以試試土耳其著名的無花果口味(İncirli Muhallebi)，這也是屬於土耳其獨一無二的味道喔！

以愛琴海的新鮮食材與創意料理著稱，伊茲密爾美食融合海洋與草原的風味，為旅人帶來無比驚喜，充滿愉悅的探索樂趣。本單元將告訴旅人，伊茲密爾當地最經典，值得品嘗看看的絕佳美味，也許大家會在此收穫滿滿的舌尖回憶呢！

1.每位客人進到餐廳裡，就開始拍照起來／2.美味的餐點，值得等待

伊茲密爾　道地美食

老字號的烤肉料理餐館

Doyuran Manisa Kebap

www.instagram.com/doyuranmanisakebap | Kemeraltı Çarşısı, Konak Mah, 866. Sk, No:14, Konak／İZMİR | +90 232 425 12 63 | 11:00～19:00 | 週日 | 自Anafartalar街道轉進863巷走2分鐘

當地的土耳其披薩名店

Selçuk Pidecisi

www.selcukpidecisi.com | Atatürk Mah, Cengiz Topel Cd, No:29, Selçuk／İZMİR | +90 232 892 14 34 | 10:00～22:00 | 自Atatürk大道轉進Cengiz Topel路走1分鐘

位在腰帶下市場，是一家用餐時間總是人潮湧動的老字號餐館，經過這裡，往往被他們正在飄香的馬尼薩烤肉（Manisa Kebap）所吸引。

馬尼薩（Manisa）是伊茲密爾東北方的一個省分，在鄂圖曼帝國時代，蘇丹會將皇子送至馬尼薩接受教育和培養繼承人，因此，馬尼薩亦有「王子之城」（Şehzadeler şehri）的封號。

發明於18世紀，馬尼薩烤肉至今已有300年歷史，來到這家餐館不妨品嘗看看王子之城的料理氣息吧！

位在塞爾柱小鎮內的以弗所遺址附近，是當地專賣土式披薩的餐館，他們以美味的土耳其長形披薩（Pide）和一般披薩而受到顧客的喜愛。餐點皆是現做現烤，雖然需要一點等待的時間，但是非常值得！推薦牛肉起司長形披薩（Kavurmalı Kaşarlı Pide）和牛肉雞蛋長形披薩（Kavurmalı Yumurtalı Pide）。

住宿推薦 HOTEL

Emen's Hotel

www.emens.com.tr | İsmet Kaptan, 1364. Sk, No:4, Konak／İZMİR | +90 232 402 26 26 | 搭乘地鐵至Basmane Gar地鐵站，出站後步行5分鐘

這家飯店近地鐵站，附近多商店、超商、餐廳和銀行，交通便捷，生活機能便利。飯店室內設計新穎，房間乾淨舒適，員工態度也十分友善且服務良好，受到許多旅人的讚賞。位在市中心的它CP值很高。

1.Doyuran店面顯眼的粉紅牆面／2.品嘗充滿烤肉香氣的馬尼薩烤肉

Renaissance Izmir Hotel

🔗 www.marriott.com/en-us/hotels/adbbr-renaissance-izmir-hotel ｜ 📍 Akdeniz Mah, Gazi Osman Paşa Blv, No:16, Konak／İZMİR ｜ ☎ +90 232 497 77 77 ｜ 🚇 搭乘地鐵至Çankaya地鐵站，出站後步行8分鐘

這家飯店不僅位在市中心，有熱鬧的購物商圈和餐廳，到地鐵站或海邊也是步行可抵達的距離，位置絕佳、交通便利。寬敞且乾淨的房間是推薦這家飯店的主要原因，一天的旅行後，回到這裡休息對旅人來說是一種美好的享受。飯店附游泳池、土耳其浴澡堂等設施，不論哪個季節都適合入住喔！

Viento Alacatı Hotel

🔗 www.vientoalacati.com ｜ 📍 Yenimecidiye Mah, 1039. Sok, No:18, Çeşme／İZMİR ｜ ☎ +90 232 716 95 85 ｜ 🚇 自Atatürk大道轉進3069巷，緊接1039巷直走1分鐘

這家旅館位於阿拉恰特鎮的中心地帶，位置極佳。白天，旅館周圍的街道充滿了生活氣息，遊客們可以輕鬆漫步於當地的商店、咖啡館和餐廳之間，而到了夜晚，小鎮則展現出另一種迷人的風情，街燈點點，讓人悠閒漫步在石板小巷中。

旅館的房間優雅可愛、設備齊全，戶外有一寬敞的游泳池可供消暑，也有一溫泉池供住客在疲憊時享受泡澡的樂趣。餐廳環境舒適雅致，擺設簡潔不失格調，美味的餐點更讓人從味蕾深刻感受到阿拉恰特獨特的風情與魅力。

Maison d'Azur Alacatı

🔗 dazurhotels.com ｜ 📍 Alaçatı Mah, 3053. Sok, No:15, Çeşme／İZMİR ｜ ☎ +90 232 716 66 09 ｜ 🚇 自Atatürk大道轉進3065巷走到底，再接上3050巷於第一個路口右轉

來到阿拉恰特，入住愛琴海風格的旅館是再合適不過了！這家旅館隱身於幽靜的小巷中，遠離了城市的喧囂，環境優美、房間舒適，每一處角落都展現出主人的細心與品味，既保留了愛琴海風格的特色，又提供了現代化的舒適設施。

早晨提供的愛琴海風味土耳其早餐，由不同種類的橄欖、香濃的羊乳酪、新鮮的番茄和小黃瓜，還有各式各樣的手工製作果醬組成，口味多樣，為旅人帶來全新的驚喜，相信在這一定能品味到不一樣的土耳其。

In Ephesus Hotel and Art Galery

📍 Atatürk Mah, 1054. Sok, No:4, Selçuk／İZMİR ｜ ☎ +90 554 181 16 18 ｜ 🚇 自St.Jean路轉進Antony Kallinger路，沿著1054巷走1分鐘

Google 地圖5顆星滿評的以弗所民宿，地點就位於塞爾柱小鎮緊臨以弗所遺址的位置。從民宿富有希臘神話和藝術氣息的外觀，便可看出旅館主人的用心，出自雕塑世家，民宿氣氛舒適，設備新穎，房間乾淨，老闆夫婦對待住客也十分熱心，早晨還能在庭院一面曬太陽，一面享用豐盛的土耳其早餐。

伊茲密爾｜住宿推薦

旅行故事

在伊茲密爾的
療癒之旅

Stories

1.浪漫的阿拉恰特街上／2.塞爾蘇斯圖書館前的難忘回憶／3,4.著名的以弗所古城大劇院／5.帶領我們回到19世紀的阿拉恰特風車群

伊茲密爾對我來說，並不是個陌生的地方，每年總要來回幾趟，拜訪土耳其家人。不過伊茲密爾省境內的景點，我則和大部分觀光客一樣，只到訪過幾次，但是每一次我都做足了功課，只為能在遇見這些地方時真正認識它，給自己一場最深刻的相遇，最美妙的感動。

彷彿帶我回到家鄉的熟悉感

班機降落在阿德南曼德里斯機場，轉乘 İZBAN 城市列車和地鐵到其他地方去，是我們最常使用的交通方式。過去，還曾在 Hilal 地鐵站的月台上，聽見了廣播傳來一曲熟悉的《望春風》，對於已經離家一年半的我來說，儘管曾經覺得它就是一首老歌，但聽見的當下立刻知曉了這首歌在遊子的心中，所代表的正是「家鄉」二字。

不論是伊茲密爾市區、以弗所或是阿拉恰特，在伊茲密爾的旅行中，我體驗到非常美好和難忘的回憶。

我最喜歡的便是以弗所的古希臘羅馬遺址，那是當時

世界上最繁榮的一座城市之一,受到了不平凡的哲學及宗教洗禮,它是百看不厭的,而且每看它一次,就能從它身上收穫到更多來自過去的訊息。

用心感受伊茲密爾的療癒旅程

印象最深刻的,是山上的聖母瑪利亞故居,雖然是一間不大的石屋,但從屋外走到屋內的過程中,可以明顯感受到內心的變化,走入屋內的一瞬間,竟神奇地在我的身心浮現出一種被淨化、療癒和祝福的感覺,那是這趟旅程中最難以解釋,卻也最貼近內心的一種狀態。

最鮮明的回憶則非阿拉恰特莫屬,9月的阿拉恰特特別美麗,沒了夏天的酷熱,涼爽的風吹來讓阿拉恰特感覺更加浪漫、溫柔。濃厚的愛琴海風情,誰都無法抵擋它的魅力,尤其是市場清真寺的歷史故事,更讓人對阿拉恰特留下自由、文明的印象!

你的伊茲密爾之旅呢?哪些地方是你最嚮往的?哪裡讓你留下了深刻的印象?哪段故事讓你想與家鄉的家人朋友分享呢?

伊茲密爾永遠超越它所看上去的樣子,它是座需要特別觀察與留意的城市,因為它的美藏在不起眼的角落中,它的智慧藏在流動的時間裡,唯有用心的旅人,能夠從光陰的美妙當中將其挖掘,並且靜靜地欣賞一番。

213

旅遊實用資訊

機場資訊

伊斯坦堡機場

　　伊斯坦堡機場(IST)位於伊斯坦堡歐洲岸西北方35公里處，是土耳其最大城市伊斯坦堡對外的主要國際機場。其占地面積335萬平方公尺，待工程全面竣工，將有4座航廈、6條跑道、500個停機坪，每日起降航班可達3,500班次，每年客流量預估上達1.5億人，為全球最大的機場。

　　抵達伊斯坦堡機場後，即可在機場內透過Wi-Fi機器，掃描護照個人資料頁，使用免費的限時Wi-Fi。機場非常大，出入境皆須耐心等候，跟著機場指標走，一定可以抵達目的地。您可以根據指標前往換匯、購買SIM卡和伊斯坦堡卡等。從機場前往市區可搭乘機場巴士HAVAİST，也可直接轉乘國內線航班或者搭乘巴士前往其他城市旅遊。

認識機場標誌

| 推車租借站 | 吸菸區 | 號碼會面點 |
| 失物招領處 | 資訊服務站 | 出口 |

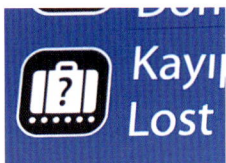

How to 如何租借行李推車

1 螢幕上按下國旗選擇語言

2 查看螢幕上顯示的押金金額

3 投幣、插入紙鈔或信用卡

4 領取租借收據

5 推車上軌道後，掃描QR Code並領回押金

入境步驟

以下以伊斯坦堡機場入境步驟為例。

Step 1 抵達機場後沿著指標走

下飛機後，可參照機場指標，往護照查驗區(Pasaport Kontrol)。機場指標以土耳其文、英文為主，若擔心找不到方向，在下飛機後往人潮多的方向前進，或者尋求機場工作人員的協助。

Step 2 查驗護照

抵達護照查驗區時，請注意！此區分為兩個區塊，有土耳其國旗的一邊為土耳其公民行走通道，其他國家公民(Diğer Ülke Vatandaşları)請走其他國家行走通道。在查驗護照前，請準備好列印出來的電子簽證影本，並於查驗時與護照一同遞上。

Step 3 領取行李

完成護照查驗後，即可前往行李轉盤區，依照螢幕所顯示的區域，等候領取行李。領取完行李就可以入境，開始土耳其之旅！

旅遊實用資訊 ｜ 機場資訊

215

出境步驟

以下以伊斯坦堡機場出境步驟為例。

Step 1 入口安全檢查

在土耳其，進入許多公共區域前，都要進行安檢，機場也不例外。檢查前請脫去外套和靴子並放置於檢查籃內；如果有攜帶手機、平板和筆記型電腦，也都要拿出來一併檢查。

Step 2 辦理行李托運並取得登機證

請參照螢幕上所顯示的資訊，到搭乘的航空公司櫃檯辦理行李託運，並取得登機證。

Step 3 查驗護照及二次安全檢查

準備好您的護照、登機證及電子簽證影本，前往護照查驗區(Pasaport Kontrol)。請注意！有土耳其國旗的一邊為土耳其公民行走通道，其他國家公民(Diğer Ülke Vatandaşları)請走其他國家行走通道。查驗完護照後，會直接進行二次安全檢查，檢查步驟和入口安全檢查相同。

Step 4 前往登機門

在通過二次安全檢查後，會先來到免稅商店區，此時請先參照螢幕所顯示的航班資訊，前往登機門等候。機場很大，請注意在免稅商店區的停留時間，以免錯過登機的時間。

伊斯坦堡卡

購買伊斯坦堡卡

通關、取行李後，接著就要前往伊斯坦堡市區了！如非搭乘計程車，在搭乘機場巴士前，別忘了先到2樓入境大廳(Arrival Hall)外的卡片販售加值機購買伊斯坦堡卡，這樣在抵達市區後，轉乘大眾運輸交通工具比較方便！

如計畫抵達市區後再購買，市內的渡輪站、公車總站、地鐵站都可以找到販賣加值機，部分雜貨舖也能購買和加值。

購買卡片步驟

購買伊斯坦堡卡一點都不困難，跟著以下步驟，就可以順利購買卡片囉！

Step 1　選擇語言

在螢幕上選擇語言，有中文、英文的選項可選。

Step 2　點選「買İstanbulkart票」並插入紙鈔

點選「買İstanbulkart票」後，在秒數內於上方指定長條孔插入紙鈔。假若每張伊斯坦堡卡130里拉，如插入200里拉紙鈔，機器會先扣除卡片金額130里拉，剩下70里拉的餘額可以搭乘使用。

Step 3　領取卡片

完成購買後，於機器下方領取伊斯坦堡卡。

217

卡片加值步驟

伊斯坦堡的大眾運輸交通工具只能以伊斯坦堡卡付費，不能使用現金，而卡片也無法進行一次倒扣，因此，當卡片內的餘額即將用盡時，一定要趕快加值！

在公車總站、電車站、地鐵站、渡輪站及報攤、雜貨鋪都可以加值，但請勿一次加值過高的金額，以免卡片遺失時造成不必要的損失。

Step 1 選擇語言

在螢幕上選擇語言，有中文、英文的選項可選。

Step 2 點選「İstanbulkart充值」並放置卡片

點選「İstanbulkart充值」後，將伊斯坦堡卡放置於感應位置上，請注意，不同類型的加值機有不同的感應位置。

Step 3 插入紙鈔

在機器的指定長條孔內插入紙鈔，並等待機器完成加值動作。

Step 4 確認加值金額及餘額

加值完成後，再次確認加值金額是否正確，並同時查看餘額。

218

交通資訊

機場巴士

機場距離伊斯坦堡市區有段距離，目前前往市區最主要的交通方式是搭乘機場巴士HAVAİST；抵達伊斯坦堡機場後，跟著巴士的指標走就對了！只要有明確的目的地，就可以找到對應的巴士代號。以下介紹機場巴士代號查詢步驟：

Step 1 進入機場巴士網站

進入機場巴士HAVAİST官方網站(hava.ist)，頁面右上角可選擇英語介面，在上方選擇巴士站(Stations)選項。

Step 2 選擇搭乘目的地

在地圖上點選距離目的地較近的一站，就可立即找出對應的巴士站名以及巴士代號；例如：TAKSİM、HVİST-16，即代表前往TAKSİM這一站須搭乘16號巴士。

請注意：多年來巴士代號經常改變，務必在搭乘前再次確認。

Step 3 查詢車班相關資訊

欲查詢車程、票價及時刻表，可在網頁上方點選時刻表(Departure Time)選項，以伊斯坦堡機場(İSTANBUL HAVALİMANI)為出發地，並選擇即將前往的巴士站，即可取得出發時間(Departure Time)、票價(Line Price)等詳細資訊。

Tips　HAVAİST收費方式

機場巴士HAVAİST採多種收費方式，可於上車前在機場的現金付款處(Cash Payment Point)付費，或是上車後以信用卡和金融卡進行付款。雖可在手機上下載Havaist APP，透過掃QR Code方式進行付款，但由於APP介面尚存在語言翻譯問題，不建議以此種方式付款。

國內線航班

抵達伊斯坦堡機場後，若要轉乘土耳其國內線航班，在訂購機票時就要注意航班的時間，中間預留2～3小時的時間通關和轉機，即使前一班飛機延誤了也不至於慌忙；若轉乘的不是同一家航空公司，行李無法直掛最後目的地，在通關後也需要有足夠的時間領取行李、前往該航空公司櫃檯託運，並前往國內線航站。以下為轉乘國內線航班的流程：

Step 1 領取行李、入境

若轉乘的國內線航班和前一班國際線航班不是同一家航空公司，在通關後先領取行李並入境；若行李可直掛目的地，則可省去這步驟，直接入境。入境大廳的樓層為抵達樓層(Arrival Floor)，轉機要往出發樓層(Departure Floor)的出境大廳走。

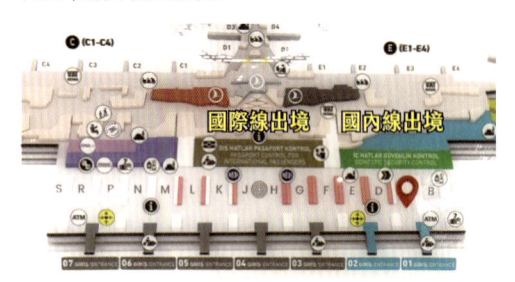

▲位於出發樓層的出境大廳，中間為國際線出境(灰色區域)，右邊為國內線出境(綠色區域)

Step 2 到航空公司的國內線櫃檯託運

同上，若行李可直掛目的地，可省去這步驟，直接看Step3。需要託運行李，則前往該航空公司的國內線櫃檯託運，螢幕上會顯示土耳其文的「İÇ HAT CHECK-IN」。

Step 3 前往國內線出境大廳

託運完行李後，按照指標上寫的「İÇ HATLAR GİDEN YOLCU」前往出境大廳，過安檢門後就可以走向登機門、等候上機。

長程巴士

在土耳其旅遊，許多旅人會搭乘國內線航班前往土耳其其他城市，以縮短在幅員廣闊土地上的移動時間，不過，如同國際線航班，土耳其國內線的機票價格近年來也越加昂貴。

若時間充足，想欣賞沿途美景，甚至節省下更多的預算，搭乘長程巴士也是一個不錯的選擇。在土耳其，長程巴士的運作相當發達，幾乎每個城鎮都有巴士總站(Otogar)可以搭巴士，非常便利，而且巴士座位舒適，還會有隨車人員遞水、提供小點心！相信會是一個十分特別的體驗。

以下將介紹土耳其主要的巴士公司，以及在土耳其搭長程巴士的步驟：

	KAMİLKOÇ	METRO
巴士公司	KÂMİLKOÇ	METRO
成立／總公司	1926／布爾薩(Bursa)	1992／伊斯坦堡
主要路線	伊斯坦堡、番紅花城、卡帕多奇亞、棉堡、伊茲密爾與其他地區。	伊斯坦堡、番紅花城、卡帕多奇亞、棉堡、伊茲密爾與其他地區。
官方網站	www.kamilkoc.com.tr	www.metroturizm.com.tr

搭乘巴士步驟

土耳其的巴士公司線上訂票需要輸入「土耳其身分證字號」，外國人需輸入「護照號碼」，但經常遇見系統當機情況，因此建議旅人直接到巴士總站購票、劃位，然後直接上車。以下為巴士的搭乘步驟：

Step 1 上網查詢巴士班次

前往巴士公司網站，選擇「單程」(Tek Yön)或「來回」(Gidiş-Dönüş)，點選「出發地」(Nereden)和「目的地」(Nereye)後，選擇「去程日期」(Gidiş Tarihi)、「回程日期」(Dönüş Tarihi)，輸入「乘車人數」(Yolcular)，最後按下查詢。從網站上可看到當天的發車時間和票價，大概記下幾個可能搭乘的時間。

A 單程 / **B** 來回 / **C** 出發地 / **D** 目的地 / **E** 出發日期 / **F** 乘客人數 / **G** 結果查詢

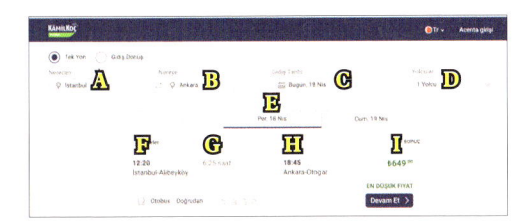

A 出發地 / **B** 目的地 / **C** 出發日期 / **D** 乘客人數 / **E** 出發日期 / **F** 發車時間 / **G** 總車程（小時）/ **H** 抵達時間 / **I** 票價

除了離開機場，前往巴士總站搭乘，機場內也可找到包車旅遊服務，惟須注意行程時間及收費金額。

Step 2 現場購票與劃位

當天直接在現場購票、劃位。告訴櫃檯人員要前去的目的地、想搭乘的時段，若是來回，則可先在櫃檯預訂回程的車票。

Tips 中途休息時間

土耳其的長程巴士搭乘時間至少都有 3 小時以上，途中大約每 1.5 小時會在休息站停留一次，休息時間約 5～20 分鐘。司機會在停完車後向乘客說明幾分鐘後要上車，若聽不懂土耳其語，可上前和司機確認上車時間，下車後記下車牌號碼以及巴士停的大概位置，就可進到休息站內使用廁所和逛街購物囉！

生活資訊

兌換里拉(Türk Lirası)

土耳其里拉(簡稱TL)，目前台灣的銀行無法兌換，土耳其也不受理新台幣業務，必須以美金或歐元兌換。**請注意**：土耳其里拉的匯率極不穩定，出發前請查詢，衡量攜帶的現金。

機場匯率較差，但建議先在機場兌換少量，方便購買當地SIM卡和伊斯坦堡卡；待抵達伊斯坦堡市區後，再到銀行或者寫有DÖVİZ的貨幣兌換所進行兌換。兌換過程請多加注意，務必確認兌換金額無誤後再離開現場，以避免不必要的糾紛。

▲ 勿隨身攜帶太多里拉，少量兌換就行

ATM跨國提款

若想在土耳其的ATM進行跨國提款，請先向您的發卡銀行確認卡片是否已開通跨國提款功能。土耳其ATM的語言選擇以土耳其文和英文為主，少數機器螢幕提供簡體中文介面；提款時須付手續費，金額各家銀行皆有差異。若操作失敗，請立即撥打客服專線尋求協助。

信用卡

信用卡的使用在當地非常普遍，不論是餐廳、商店、旅館，甚至是小雜貨店，都可以透過信用卡付款。**請注意**：觀光客的信用卡在土耳其當地被店員盜刷的情況時有所聞，刷卡後務必再次確認金額；遇到任何情況，請即時向發卡銀行反映或者報警處理。

租借網路

在網路社群熱絡的今日，許多想在社群上分享旅遊照片的旅人，在出發往土耳其前都會有同樣的疑問，那就是「土耳其的網路好用嗎？」及「到底該如何申請使用當地網路？」等類似問題。

萊拉的建議是，如果白天旅遊時不需要使用網路，也不是重度網路使用者，那麼土耳其飯店的Wi-Fi網路基本上都足以應付傳送文字訊息、照片和影音檔案，一般上網也沒有問題。

若擔心所在的位置接收不到Wi-Fi訊號，或外出時需使用Google地圖，那就申請一張當地可使用的SIM卡，或者租借一台Wi-Fi機。

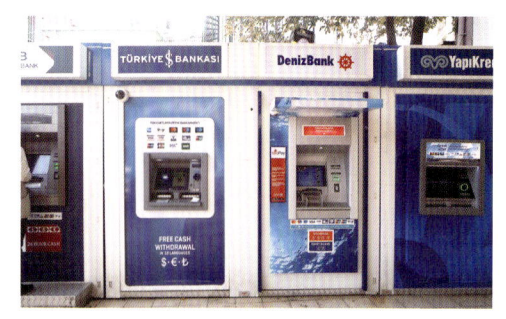

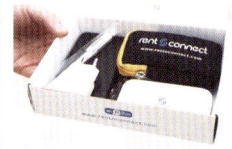

▲ 提款時要注意隨身財物及人身安全

▲ SIM卡　　　　　▲ Wi-Fi機

Tips　SIM卡與Wi-Fi機選購

欲購買SIM卡可在抵達伊斯坦堡機場後，向土耳其當地的電信業者TURKCELL和Türk Telekom購買，並選擇最符合自身需求的方案，惟土耳其目前無「吃到飽」方案；另外，也可在前往市區後到門市購買，建議多比價，因為經常有價格不一的情況發生！

Wi-Fi機則建議從國內租借可在土耳其範圍內使用的機器，在網路上就能預訂，並在台灣出入境機場時取機和退還，非常便利！

土耳其兩大電信業者，適合自己的就是好方案

穿搭指南

在計畫土耳其的旅遊穿搭時，建議以「簡單、輕便」為主要原則，除了放在飯店房間的大型行李之外，建議再準備一個外出時可背的隨身包，不僅方便行動，也可避免成為有心人士的首要目標。

另外，土耳其的春秋季節日夜溫差較大，建議在短袖衣物之外，帶上一件足以應付入夜涼意的保暖外套；夏季氣候乾熱，可帶遮陽帽、太陽眼鏡和罩衫；冬季氣候較為濕冷，毛帽、圍巾、保暖手套和厚襪子是必備的，不過土耳其冬季的室內普遍都有暖氣，不需要穿過於厚重的衣物，帶件足夠保暖的厚外套，外出時穿上，入內時脫去即可。

還有，土耳其有很多鋪石路面，切勿穿拖鞋或高跟鞋，一雙能保護雙腳、舒適且方便行走的好鞋是必需的！

行李準備

終於要出發前往土耳其了！在出發前，再次確認個人行李和隨身物品是否帶齊吧！

	有效護照
	電子簽證影本
	飯店預訂證明
	回程航班資料
	現金(美金或歐元)
	提款卡或信用卡
	旅遊書籍、旅行日程表
	手機、相機或電腦
	記憶卡
	充電器與轉接插頭
	防曬乳液、太陽眼鏡
	隨身包
	水瓶、個人藥品
	盥洗用品
	保養品與化妝品
	內衣褲、睡衣
	長短袖衣物
	保暖外套
	泳衣
	毛帽、圍巾、保暖手套與保暖襪
	替換鞋及襪子

土耳其

伊斯坦堡・番紅花城・卡帕多奇亞・棉堡・伊茲密爾

作　　者	萊拉（Leyla）
總編輯	張芳玲
發想企劃	Taiya 旅遊研究室
編輯主任	張焙宜
企劃編輯	張焙宜
主責編輯	張焙宜
特約編輯	邱律婷
封面設計	許志忠
美術設計	許志忠
地圖繪製	許志忠

太雅出版社
TEL：(02)2368-7911　FAX：(02)2368-1531
E-mail：taiya@morningstar.com.tw
太雅網址：http://taiya.morningstar.com.tw
購書網址：http://www.morningstar.com.tw
讀者專線：(02)2367-2044、(02)2367-2047

出 版 者	太雅出版有限公司
	106 台北市大安區辛亥路一段 30 號 9 樓
	行政院新聞局局版台業字第五〇〇四號

讀者服務專線：(02)2367-2044 ／ (04)2359-5819 #230
讀者傳真專線：(02)2363-5741 ／ (04)2359-5493
讀者專用信箱：service@morningstar.com.tw
網路書店：http://www.morningstar.com.tw
郵政劃撥：15060393（知己圖書股份有限公司）

法律顧問	陳思成律師
印　　刷	上好印刷股份有限公司　TEL：(04)2315-0280
裝　　訂	大和精緻製訂股份有限公司　TEL：(04)2311-0221
初　　版	西元 2024 年 12 月 10 日
定　　價	520 元

（本書如有破損或缺頁，退換書請寄至：台中市西屯區工業 30 路 1 號 太雅出版倉儲部收）

ISBN 978-986-336-533-4
Published by TAIYA Publishing Co.,Ltd.
Printed in Taiwan

國家圖書館出版品預行編目（CIP）資料

土耳其：伊斯坦堡. 番紅花城. 卡帕多奇亞. 棉堡. 伊茲密爾 / 萊拉（Leyla）作.
-- 初版. -- 臺北市：太雅出版有限公司, 2024.12
面；　公分. --（世界主題之旅；151）
ISBN 978-986-336-533-4（平裝）

1.CST：旅遊　2.CST：土耳其

735.19　　　　　　　　　　113015145

填線上回函
土耳其
https://reurl.cc/Rex9Zr